DA UNIÃO LIVRE À UNIÃO ESTÁVEL

ASPECTOS DO CONCUBINATO

CLAUDIO DE MELLO TAVARES

DA UNIÃO LIVRE
À UNIÃO ESTÁVEL

ASPECTOS DO CONCUBINATO

Rio de Janeiro
2017

1ª edição – 2017

© Copyright
Claudio de Mello Tavares

CIP – Brasil. Catalogação-na-fonte.
Sindicato Nacional dos Editores de Livros, RJ.

T229d

Tavares, Claudio de Mello
  Da união livre à união estável: aspectos do concubinato / Claudio de Mello Tavares. - 1. ed. - Rio de Janeiro: LMJ Mundo Jurídico, 2017.
  172 p.; 23 cm.

  Apêndice
  Inclui bibliografia e índice
  ISBN 978-85-9524-023-0

  1. Companheiros (Direito de família) - Brasil. 2. União estável - Direito. 3. Concubinato. 4. Direito civil. I. Título.

17-44307
                                                    CDU: 347.62

O titular cuja obra seja fraudulentamente reproduzida, divulgada ou de qualquer forma utilizada poderá requerer a apreensão dos exemplares reproduzidos ou a suspensão da divulgação, sem prejuízo da indenização cabível (art. 102 da Lei nº 9.610, de 19.02.1998).

Quem vender, expuser à venda, ocultar, adquirir, distribuir, tiver em depósito ou utilizar obra ou fonograma reproduzidos com fraude, com a finalidade de vender, obter ganho, vantagem, proveito, lucro direto ou indireto, para si ou para outrem, será solidariamente responsável com o contrafator, nos termos dos artigos precedentes, respondendo como contrafatores o importador e o distribuidor em caso de reprodução no exterior (art. 104 da Lei nº 9.610/98).

As reclamações devem ser feitas até noventa dias a partir da compra e venda com nota fiscal (interpretação do art. 26 da Lei nº 8.078, de 11.09.1990).

Reservados os direitos de propriedade desta edição pela
EDITORA GZ

contato@editoragz.com.br
www.editoragz.com.br

Av. Erasmo Braga, 299 - sala 202 - 2º andar – Centro
CEP: 20020-000 – Rio de Janeiro – RJ
Tels.: (0XX21) 2240-1406 / 2240-1416 – Fax: (0XX21) 2240-1511

Impresso no Brasil
Printed in Brazil

AGRADECIMENTOS

Aos meus queridos pais, Claudio e Maria Teresa, e ao meu irmão, Marcelo, por todo amor e carinho que sempre me dispensaram.

A Glaycianne, Mateus e Bernardo, esposa e filhos amados, por todo o incentivo recebido.

Ao meu primo José Roberto Sotero de Mello Porto.

A Jesus Cristo, caminho, verdade e vida, por ter me dado força e coragem para realizar esta obra.

DEDICATÓRIA

Dedico este livro a todos que se interessam pelo tema, esperando que nele encontrem o incentivo necessário aos seus estudos.

APPENDICES

APRESENTAÇÃO

Com grande alegria, tenho a oportunidade de disponibilizar à comunidade jurídica uma singela obra. O leitor tem diante de si um fruto que amadurece há muito, remetendo-me aos meus estudos ainda à época da graduação, na Universidade Candido Mendes, recebendo posterior complementação e atualização.

A bem da verdade, eu não poderia, por mais tempo, deixar de compartilhar este trabalho. Afinal de contas, este tema é dos mais cambiantes no Direito, uma vez que eminentemente prático, factual. Assim, embora revistos e robustecidos de maneira substancial nos recentes tempos, tais conceitos continuam a despertar a inquietude dos juristas, bem como do cidadão leigo, interessado em ver esclarecido quem pode constituir união estável, em que circunstâncias e quais as consequências dessa relação.

Em meu laborioso múnus como juiz nos últimos vinte e um anos, vi-me provocado por essas questões espontaneamente surgidas na sociedade, decorrentes do afeto que une duas pessoas, o que me motivou a condensar noções e institutos absolutamente cotidianos nas breves linhas que se seguem. Sei, de antemão, que a vida nos trará novas interrogações, e, como o Direito deve acompanhá-la, logo estaremos debatendo assuntos antes impensáveis.

Desejo, sinceramente, que a leitura seja proveitosa para todos!

Claudio de Mello Tavares
Desembargador e Corregedor-Geral da Justiça
do Tribunal de Justiça do Estado do Rio de Janeiro
(biênio 2017/2018)

PREFÁCIO

A função jurisdicional não se esgota, nem na prevenção ou solução de litígios, nem na administração de interesses sociais relevantes, mediante a aplicação de normas incidentes. Constitui também uma função pedagógica porque ensina a sociedade a cumprir, adequadamente, as leis e a compreender as instituições, na sua estrutura e finalidade. Isto faz dos juízes de todas as instâncias, não apenas julgadores; não somente conciliadores, consoante princípios da processualística atual, mas também mestres dos diversos segmentos sociais.

O eminente Desembargador Claudio de Mello Tavares vai além das funções típicas dos magistrados, por si só suficientes para colocá-lo em posição de destaque entre os juízes brasileiros. Leiam-se os seus votos, que revelam o empenho de decidir bem, com clareza, precisão, objetividade e cultura, manifestadas, muito nitidamente, desde o início da sua carreira que não irá longe porque já vai longe. Ele, muitas vezes, cede, até involuntariamente, à sua vocação de doutrinar. Este livro é a prova inconcussa dessa qualidade, desenvolvida paralelamente à função jurisdicional que ele tão bem desempenha.

Não posso, nem devo fazer, nesta insuficiente apresentação, uma resenha pormenorizada do livro. Isto privaria o leitor do gosto intelectual de ir descobrindo todos os aspectos, relevantes e secundários, do tema proposto.

O concubinato não é apenas a situação apontada na etimologia desse substantivo. <u>Concumbere</u>, que significa <u>deitar-se com</u>, tornou-se, por assim dizer, uma instituição, cuja tutela pelo direito é objeto da atenção da doutrina, prestigiada pelos tribunais. Normas de direito positivo quase equiparam o concubinato ao casamento, fazendo-os iguais em muitos aspectos.

Só merece o aplauso esta obra, especialmente se se considerar que são escassos os trabalhos doutrinários acerca de assunto tão importante. O douto autor expôs, superiormente, o assunto objeto de considerações profundas e originais, fiéis à lei, às manifestações dos doutrinadores e às decisões das Cortes de Justiça.

O famoso editor Borsoi começava a ler os originais de um livro pela bibliografia, porque, segundo ele, ela era o espelho da cultura do autor. Examine-se, pois, o rol das obras de absoluta pertinência, às quais o Desembargador Claudio de Mello Tavares acrescenta, vantajosamente, esta. Consulte-se a jurisprudência nela citada, mas atente-se, sobretudo, nas lições do autor, que escreveu livro excelente, destinado a ser contemporâneo do futuro.

Saúdo, com entusiasmo, uma obra merecedora da aprovação de quantos tiverem a oportunidade de lê-la, consultá-la e aprender com ela.

Sergio Bermudes
Professor da Faculdade de Direito
da PUC-RJ. Advogado.

LISTA DE SIGLAS

ADPF	Arguição de Descumprimento de Preceito Fundamental
ADI	Ação Direta de Inconstitucionalidade
CC/2002	Código Civil de 2002
CC/1916	Código Civil de 1916
CF/88	Constituição Federal de 1988
CJF	Conselho da Justiça Federal
CNJ	Conselho Nacional de Justiça
CPC	Código de Processo Civil
CRPS	Conselho de Recursos da Previdência Social
DJU	Diário Oficial da Justiça da União
LOPS	Lei Orgânica da Previdência Social
MTPS	Ministério do Trabalho e Previdência Social
RSTJ	Revista do Superior Tribunal da Justiça
RT	Revista dos Tribunais
STJ	Superior Tribunal de Justiça
STF	Supremo Tribunal Federal
TAMG	Tribunal de Alçada de Minas Gerais
TFR	Tribunal Federal de Recursos
TJSP	Tribunal de Justiça de São Paulo

SUMÁRIO

Agradecimentos V
Dedicatória VII
Apresentação IX
Prefácio XI
Lista de siglas XIII

CAPÍTULOS I – BREVE INTRODUÇÃO 1

CAPÍTULO II – HISTÓRICO 3

CAPÍTULO III – NOÇÕES EVOLUTIVAS SOBRE A FAMÍLIA
LEGÍTIMA E A ILEGÍTIMA 17

CAPÍTULO IV – NOÇÕES GERAIS SOBRE O CONCUBINATO
ONTEM E HOJE 27
– Conceito e sua Extensão 33
– Concubinato e Mancebia. O *Stuprum* 37
– Companheira e Concubina 39
– Concubinato Honesto 40
– Classificação do Concubinato 41

CAPÍTULO V – CONCUBINATO ADULTERINO 43
– O Caráter Delitual das Relações Adulterinas 45
– Critérios para Examinar-se a Relação Adulterina 50
– Efeitos do Concubinato da Pessoa Casada 54
– O Cabimento da Pensão Alimentícia à Vista do
Concubinato do Cônjuge Casado 55
– Concubinato Adulterino na Jurisprudência Brasileira
Passada e Presente 61

CAPÍTULO VI – EFEITOS JURÍDICOS 67
– Meios de Prova 68
– Ônus da Prova 69
– Indenização por Serviços Prestados pela Concubina 71
– Liberalidades 81
– Em Relação à Doação 83
– Promessa de Indenizar 88
– Interesse de Terceiros contra os Concubinos 92
– As Antigas Locações Prediais 93
– A Nova Regra Legal 95
– Seguro de Vida Instituído por Cônjuge à Concubina 99
– Indenização por Ato Ilícito Praticado por Terceiro 110
– Proteção à Concubina na Lei de Acidente de Trabalho 112
– A Concubina e os Benefícios Previdenciários 116
– Concubinato e Alimentos 122

**CAPÍTULO VII – UNIÃO ESTÁVEL ENTRE PESSOAS
DE MESMO SEXO** 127

CAPÍTULO VIII - CONCLUSÃO 135

REFERÊNCIAS BIBLIOGRÁFICAS 139

APÊNDICE – A LISTA DE EXPRESSÕES EM LATIM 155

CAPÍTULO I

BREVE INTRODUÇÃO

Neste trabalho procurar-se-á discutir, de maneira clara e objetiva, alguns dos principais aspectos jurídicos surgidos na evolução histórica do antigo conceito da denominada união livre, compreendido na abrangente noção de concubinato, até a consolidação do atual instituto da união estável.

De início, dar-se-á ênfase à história do concubinato no Direito Romano, suas ideias originárias no período pré-clássico da República (510 a.C. a 27 a.C.), no período clássico, do Alto e do Baixo Império (27 a.C. a 284 d.C. e 284 d.C. a 565 d.C., respectivamente), até os dias atuais, em que recebe, no Brasil, não só consagração na lei, mas também, quando caracterizada a denominada união estável, a proteção constitucional, desde 1988. Buscar-se-á identificar ainda o momento em que se passou a considerar as uniões extraconjugais como realidade jurídica e não apenas como fato social.

É de suma importância que os leitores compreendam essa evolução para que possam fazer uma análise crítica a respeito do assunto. As transformações do Direito no decorrer dos anos motivaram este estudo no sentido de se apresentar a adaptação do conceito de concubinato ou união livre à realidade social, hoje libertada da escravidão de preceitos de inadequada moral.

A jurisprudência anterior à Constituição de 1988, como se verá, já se timbrava em amparar a união livre, quando honesta, estável e duradoura, para ampliar, pois, a definição de concubinato, a fim de fixar-lhe efeitos jurídicos, com a minuciosa observação de cada caso para se evitar injustiças, porquanto não existia lei específica que o regulasse, e os Tribunais, de toda forma, não se mostravam uníssonos a respeito de suas conseqüências e do verdadeiro alcance dessa expressão.

Por outro lado, ao longo desta sucinta obra, apresentar-se-á, ademais, o posicionamento atual sobre o tema, a jurisprudência quanto ao direito à meação, a questão da filiação e a proteção estatal da união estável como entidade familiar. Desse modo, far-se-á aqui, como referido, ligeiro apanhado do desenvolvimento do assunto no decorrer do tempo.

CAPÍTULO II

HISTÓRICO

No passado, o concubinato poderia ser compreendido, ao lado de outras noções adiante mencionadas, como uma união livre entre o homem e a mulher não ingênua e honesta, sem casamento, porém equiparável à das pessoas casadas. Era, por esse ângulo, a ausência de matrimônio para o casal que vivia como marido e mulher, sendo solteiros, separados, desquitados, viúvos ou, após 1977, divorciados. Segundo Monteiro (1997), com apoio em Ruggiero (1934) e outros autores estrangeiros, simples relações sexuais, ainda que repetidas por largo espaço de tempo, não constituíam concubinato, que era a manifestação aparente de casamento, vivendo os dois entes como se fossem casados (Monteiro, 1997, v. 2, p. 18).

Entretanto, o verbete nº 382 da Súmula do Supremo Tribunal Federal preconizou que "A vida em comum, **sob o mesmo teto**, *more uxorio*, não é indispensável à caracterização do concubinato" (BRASIL, 1964, não paginado, grifo nosso). Desse modo, haveria, igualmente, concubinato entre pessoas que não habitassem o mesmo lar, mas que convivessem com aparência de casados para a sociedade, **sem** conservarem sigilo sobre o relacionamento, já que deveria existir notoriedade na ligação delas.

Conforme Xavier (2002, p. 169-170), a expressão *more uxorio* significa "[...] segundo o costume de casado, isto é, vida em comum entre um homem e uma mulher, sob aparência de casados, sem matrimônio legal. Conveniência. Coabitação."

Todavia, a doutrina e a jurisprudência oscilavam na precisão das características que definiriam o concubinato. O Ministro Edmundo Pereira Lins afirmou, em antigo acórdão de sua lavra, no STF, o seguinte:

> É verdade que alguns civilistas, dando ao concubinato uma significação profundamente restricta, sustentam que só há concubinato quando duas pessoas de sexo differente vivem e habitam juntas, ou sob o mesmo tecto materialmente, sem que a sua união haja sido legalizada com as formalidades do casamento, vivendo maritalmente, ou *more uxorio*, aparecendo ao público com os signaes exteriores do casamento. Esta, porém, não é a significação que se deve dar à expressão 'concubinato', nem o Código Civil a suffraga, tanto que o próprio artigo 1.117, prohibe o homem casado de fazer doação à concubina. Donde se conclue que o homem, casado, pode ter concubina, se estabelecer o lar conjugal; e, portanto, concubinários não são só os que vivem *more uxorio*. É até muito commum ver-se amantes solteiros em concubinato, tendo domicílios diferentes (BRASIL, 1932, p. 165).

Posteriormente, o Ministro Ribeiro da Costa, também do STF, tratou das duas posições:

> Para uns, ele [o concubinato] se caracteriza em decorrência da vida em comum sob o mesmo

teto, num verdadeiro estado de casados, *more uxorio*, enquanto, para outros, basta que haja relações carnais seguidas e constantes [...] (BRASIL, 1962, p. 763).

Na primeira linha, a mais radical: Clóvis Beviláqua, Código Civil, vol. II, p. 330, e Pontes de Miranda, Direito de Família, p. 300. Na segunda corrente: Arnoldo Medeiros da Fonseca, Investigação de paternidade, p. 287, e Carvalho Santos, Código Civil, vol. V, p. 475 (BRASIL, 1962).

Como se vê, a exata definição da relação que caracterizaria o concubinato nunca foi pacífica.

Note-se, portanto, a elasticidade, a abrangência e a inexatidão do termo, que podia se referir tanto às pessoas desimpedidas de casar mas que estabeleciam entre si mera união livre, como os solteiros, divorciados ou viúvos, quanto àquelas impedidas, como os separados, desquitados ou mesmo os casados adúlteros, que mantinham com as (ou os) amantes relações duradouras. Veja-se, a propósito, o ditame do verbete nº 447 da Súmula do Supremo Tribunal Federal: "É válida a disposição testamentária em favor de filho **adulterino** do testador com sua **concubina**" (BRASIL, 1964, não paginado, grifo nosso).

Observe-se, nesta oportunidade, que concubinato, que, segundo Aurélio Ferreira (1999), procede do latim *concubinatu*, possui o mesmo radical da palavra concúbito, que, conforme Houaiss, Franco e Villar (2001), significa "união carnal; cópula; coito; etimologia latina: *concubitus*". Como ensina Xavier (2002, p. 144): "*Concubitus* – Concúbito, coito, conjunção carnal. Segundo os canonistas medievais, o *Concubitus* era a consumação essencial do matrimônio."

Em priscas eras, concubinato poderia compreender a união sexual ou a afeição carnal, no texto das ordenações, praticada entre ingênuo e mulher de condição inferior, entre senador e liberta, entre governador e mulher de sua província, pressupondo sempre união ilícita ou imoral ou desaprovada pela sociedade.

Inicialmente, o que distinguia o concubinato das justas núpcias era a informalidade da união, a imperfeição da comunhão de vida, decorrente não só de simples vínculo sexual e afetivo mais intenso e constante, mas também de um semimatrimônio, contraído sem formalidades, geralmente nas classes populares ou quando a condição social da mulher era inferior à do homem.

Na República (510 a.C. a 27 a.C.), o concubinato era mera união de fato ignorado pelo *ius civile*. Não produzia vínculo algum entre o homem e a mulher pelo fato de não viverem na posse do estado de casado e por lhes faltar a *affectio maritalis*, elemento subjetivo que caracterizava a existência do matrimônio válido, segundo cânones do Direito Romano. Os sinais exteriores do casamento, como os esponsais, o instrumento do dote (*Instrumentum dotale*) e a *deductio in domum mariti* (entrada da mulher na casa do marido), não integravam o concubinato.

No período clássico, do Alto Império (27 a.C. a 284 d.C.), com o aparecimento da *Lex Iulia et Papia Poppaea de maritandis ordinibus* e da *Lex Iulia de adulteriis*, o concubinato foi indiretamente levado em consideração pelo Direito. Essas leis proibiram as relações do homem com mulher que não pertencesse a uma categoria inferior, considerando-a como crime de *stuprum*. Por outro lado, também impediram que ingênuos mantivessem relações sexuais com mulheres consideradas de baixa condição social como, por exemplo, as atrizes.

No Baixo Império (284 d.C. a 565 d.C.), torna-se o concubinato um casamento inferior, embora lícito. Os imperadores cristãos passaram a inferiorizar a condição da concubina e dos filhos (*liberi naturales*) para proteger os interesses da família legítima. Por isso, foram proibidas as doações e os legados à concubina ou aos filhos naturais.

No Direito Justiniano, já na Idade Média (Justiniano foi coroado rei em 527 d.C. e morreu em 565 d.C.), admitiram-se doações à concubina e aos *liberi naturales*. Deixou de ser a relação extraconjugal com ingênua de categoria social elevada. Proibiu-se, porém, que o homem tivesse duas concubinas ou esposa legítima e uma concubina. Estabeleceu-se que a concubina deveria ter no mínimo doze anos de idade e não estar impedida de contrair matrimônio com concubino por motivo de parentesco ou afinidade. Justiniano concedeu ao concubino o direito de deixar metade do patrimônio à concubina e aos filhos.

Conforme ressaltou Monteiro (1997, v. 2, p. 19):

> O Cristianismo combateu o concubinato com apoio da moral pública e com a autoridade de Santo Agostinho e Santo Ambrósio. Os Concílios de Toledo (ano 400), Basileia (ano 431) e Latrão (ano 1516) insurgiram-se contra a tolerância por eles desfrutada, até merecer condenação no Concílio de Trento. Atualmente, considerando-o jurídica e socialmente nociva, o Código de Direito Canônico estabelece sanções para os concubinos (canônes 1.093 e 1.395, § 1º).

Convém, aqui, destacar a primeira citada regra do Código de Direito Canônico (1995), já que a segunda reza, exclusivamente, sobre clérigo concubinário, tema muito específico, fora do âmbito deste trabalho, em edição contendo notas do Padre Jesus Hortal:

> Cân. 1.093 – O impedimento de pública honestidade origina-se de um matrimônio inválido, depois de instaurada a vida comum, ou de concubinato notório ou público; e torna nulo o matrimônio no primeiro grau da linha reta entre o homem e as consanguíneas da mulher, e vice-versa.
>
> Nota 1.093: [...] O concubinato é descrito pela Rota Romana do seguinte modo: "O comércio carnal entre um homem e uma mulher, com o propósito, pelo menos implícito, de permanecerem no mútuo uso do corpo; portanto, pelo concubinato instaura-se algo semelhante à vida conjugal, mesmo que falte o ânimo marital" (SRRD 22, 1930, nº 66, p. 624; 34, 1942, nº 48, p. 517). O concubinato pode existir, de fato, mesmo que um ou os dois concubinos estejam casados com outras pessoas.

A notoriedade do concubinato era entendida (e cremos que assim deve continuar) de acordo com as noções estabelecidas no antigo cânon 2.197 (não mais reproduzido no novo Código). Portanto:

> É público se já se encontra divulgado ou se se realizou ou se encontra em tais circunstâncias que se possa e se deva julgar prudentemente que será divulgado com facilidade; é notório, com notoriedade de direito, após a sentença do juiz competente, que passar a coisa julgada, ou após a confissão do delinquente em juízo; é notório, com notoriedade de fato, se for conhecido publicamente e cometido em tais circunstâncias que não possa ser ocultado por nenhuma tergi-

versação, nem escusado por qualquer subterfúgio do direito[...] (Código de Direito Canônico, 1995, p. 483).

No Brasil, entendia-se, primeiramente, que a simples presença da concubina à testa do lar, presidindo a economia doméstica, assegurava-lhe direito à meação do patrimônio adquirido ou aumentado pelo companheiro. Posteriormente, porém, segundo a jurisprudência dominante da Corte Suprema, passou-se a compreender que o concubinato, por si só, não geraria direitos entre os parceiros, e, sim, exclusivamente, a sociedade de fato entre eles, resultante do esforço comum.

O enunciado nº 380 da Súmula do Supremo Tribunal Federal resolveu grandes controvérsias e abriu caminhos às ações de meação, logo tornando-se muito frequentes ao dispor: "Comprovada a existência de **sociedade de fato** entre os concubinos, é cabível sua dissolução judicial com a **partilha do patrimônio adquirido pelo esforço comum**" (BRASIL, 1964c, não paginado, grifo nosso).

O marco inicial dessa concepção foi o julgado de 18 de dezembro de 1833, do Tribunal de Rennes. Sem nada reclamar que se prendesse à vida concubinária, a concubina alegou haver entrado com bens próprios para a formação do acervo do companheiro falecido. Não podendo firmar-se inteiramente na prova por ela apresentada, o Tribunal admitiu os elementos fornecidos como prova supletiva e mandou pagar-lhe a quarta parte dos bens deixados pelo morto, a título de serviços prestados e da contribuição dos seus bens no acervo comum.

Em seguida, outros julgados passaram a orientar-se no mesmo sentido, firmando-se também no princípio geral do enriquecimento sem causa. À noção de sociedade em participação foram opostos reparos, assentados na exigência de maior rigor quanto à existência e apreciação de prova cabal da contribuição mútua na formação do patrimônio comum.

Entretanto, o julgado da Corte de Paris, de 13 de junho de 1872, admitiu prova por presunções, acompanhada de prova por escrito. Foi a partir daí que se consagrou o critério da sociedade de fato, como também o abrandamento da apreciação da prova, sem que o fato da vida em comum exercesse papel de primeiro plano. Essa mesma Corte de Paris, em 14 de março de 1890, examinou fatos capazes de, sozinhos, sem concurso de provas, determinarem a participação dos benefícios obtidos. Idêntico entendimento foi assentado no julgado da Corte de Lyon, de 8 de março de 1889, e também pela Corte de Cassação da França, em 12 de novembro de 1907.

Com o advento do Decreto nº 2.681, de 7 de dezembro de 1912 – que, ao regular, embora, a responsabilidade civil das estradas de ferro, estipulou, no art. 22, que "no caso de morte, a estrada de ferro responderá por todas as despesas e indenizará, a arbítrio do juiz, **todos aqueles aos quais a morte do viajante privar de alimento, auxílio ou educação**" (BRASIL, 1912, não paginado, grifo nosso) -, a situação da concubina evoluiu bastante, ganhando enorme amparo na Jurisprudência dos Tribunais brasileiros, que passaram a reconhecer a validade na promessa de indenizar, até desaguar no citado enunciado nº 380 da Súmula do Supremo Tribunal Federal.

Consoante relatou Monteiro (1997, v. 2, p. 20-24), o primeiro passo destinado a legalizar o concubinato foi dado entre nós pelo Decreto-Lei nº 4.737, de 24 de setembro de 1942, que dispôs sobre o reconhecimento dos filhos naturais. Com efeito, estabeleceu o respectivo art. 1º que "o filho havido pelo cônjuge fora do matrimônio pode, depois da separação judicial, ser reconhecido ou demandar que se declare a sua filiação" (BRASIL, 1942, não paginado). Posteriormente, a Lei nº 883, de 21 de outubro de 1949, ampliou os casos de reconhecimento ao permitir que essa perfilhação se efetuasse em todos os casos de dissolução de sociedade conjugal (BRASIL, 1949). De acordo com o primeiro diploma legal, só se admitia o reconhecimento após a separação judicial; agora, segundo a lei posterior, caberia o reconhecimento não só no caso da separação judicial como também em todas as demais hipóteses de dissolução da sociedade conjugal.

A Lei de Acidentes do Trabalho beneficiou igualmente a concubina. De fato, o Decreto-Lei nº 7.036, de 10 de novembro de 1944, art. 21, parágrafo único, dispôs que a companheira mantida pela vítima teria os mesmos direitos do cônjuge legítimo, caso este não existisse ou não tivesse direito ao benefício, desde que houvesse sido declarada como beneficiária na carteira profissional, no registro de empregados, ou em qualquer outro ato solene de declaração de vontade do acidentado (BRASIL, 1944).

O enunciado nº 35 da Súmula do Supremo Tribunal Federal reza:

"Em caso de acidente do trabalho ou de transporte, a concubina tem direito de ser indenizada pela morte do amásio, se entre eles não havia impedimento para o matrimônio" (BRASIL, 1963, não paginado).

Também a Lei paulista nº 2.699, de 17 de junho de 1954, que dispõe sobre o trabalho obrigatório nas cadeias públicas para os sentenciados no art. 3º, § 2º, atribuiu igualmente à companheira o produto da venda do trabalho do presidiário de escassos recursos econômicos (BRASIL, 1954).

Como se tudo isso não bastasse, novos benefícios foram introduzidos em legislação posterior. Assim, a Lei nº 4.069, de 11 de junho de 1962, no art. 5º, § 3º, dispôs que:

> O servidor civil, militar ou autárquico, solteiro, desquitado ou viúvo, poderá destinar a pensão, se não tiver filhos capazes de receber o benefício, à pessoa que vive sob sua dependência econômica no mínimo há cinco anos, e desde que haja subsistido impedimento legal para o casamento (BRASIL, 1962, não paginado).

E no § 4º acrescenta: "Se o servidor tiver filhos, somente poderá destinar à referida beneficiária metade da pensão" (BRASIL, 1962, não paginado).

Àquela época, o contribuinte, separado judicialmente, que não respondia pelo sustento do ex-cônjuge, poderia abater como crédito tributário pessoa que vivia sob sua exclusiva dependência, no mínimo há cinco anos, desde que a tivesse incluído entre seus beneficiários, de acordo com o disposto no art. 44 da Lei nº 4.242, de 17 de julho de 1963, e que subsista impedimento legal para o casamento – Lei nº 4.862, de 29 de novembro de 1965, art. 3º (BRASIL, 1963).

A Lei nº 6.015, de 31 de dezembro de 1973, que dispôs sobre Registros Públicos, no art. 57, § 2º, determina que:

> A mulher solteira, desquitada [hoje separada judicialmente] ou viúva, que viva com homem solteiro, desquitado [hoje separado judicialmente] ou viúvo, excepcionalmente e havendo motivo ponderável, poderá requerer ao juiz competente que, no registro de nascimento, seja averbado o patronímico do companheiro, sem prejuízo dos apelidos próprios, de família, desde que haja impedimento legal para o casamento, decorrente

do estado civil de qualquer das partes ou de ambas (BRASIL, 1973a, não paginado).

O Decreto nº 77.077, de 24 de janeiro de 1976, que consolidara as leis da Previdência Social, considerava dependente do segurado a companheira mantida há mais de cinco anos (art. 13, I), sendo lícita a designação da companheira (art. 14). A Lei nº 8.213, de 24 de julho de 1991, que, igualmente, dispõe sobre planos e benefícios da Previdência Social, não estabelece prazo, mas fala em "união estável" (BRASIL, 1991a; ROSAS, 1997, p. 29). Também a Lei nº 8.441, de 13 de julho de 1992, no art. 1º, § 1º, passou a falar de equiparação da companheira ou companheiro à esposa ou esposo, quando tiverem convivência por mais de cinco anos ou filhos resultantes do convívio (BRASIL, 1992).

O antigo Código Civil brasileiro de 1916, elaborado numa época em que mais rígido se mostrava o sentimento de moralidade, continha vários dispositivos em que se notava reprovação do legislador pátrio ao concubinato. Em primeiro lugar, mencione-se o já citado art. 1.177 do Código Civil revogado, que proibia doações do cônjuge adúltero ao seu cúmplice. Duplo objetivo possuía a proibição: evitar desfalque no patrimônio do casal com prejuízo da mulher e dos filhos, e homenagear, ao mesmo tempo, a moral e os bons costumes, uma vez que tais liberalidades golpeavam profundamente a união conjugal e eram ofensivas à moral (BRASIL, 1916).

No mesmo sentido, preceituava o art. 248, IV, daquele Código de 1916:

> A mulher casada pode livremente: [...] IV – Reivindicar os bens comuns móveis ou imóveis, doados ou transferidos pelo marido à concubina (art. 1.177). (BRASIL, 1916, não paginado).

Essas doações, destarte, poderiam ser anuladas, a pedido do outro cônjuge ou de seus herdeiros necessários, até dois anos depois de dissolvida a sociedade conjugal. Mas a jurisprudência vinha se posicionando à época no sentido de que a liberalidade dizia respeito a dinheiro de contrato investido na aquisição de bens imóveis. Nesse caso, só o próprio numerário poderia ser reclamado, e não a coisa adquirida com numerário fornecido pelo concubino.

Da mesma forma, concubina de testador casado não poderia ser nomeada, em testamento, herdeira ou legatária, ainda que se recorresse à interposta pessoa. Resultava a proibição do art. 1.720 do Código Civil pretérito (BRASIL, 1912). A incapacidade testamentária passiva, com que se referia à concubina, visava a combater a desorganização da família, salvaguardando os legítimos interesses da consorte e dos filhos. Esses eram os argumentos, nos quais o legislador se baseava à época daquele Código Civil de 1916. Desapareceria, todavia, a interdição se o testador fosse solteiro, viúvo, desquitado (hoje separado judicialmente) ou divorciado.

Por último, proibia o art. 358 da Lei Civil de 1916 o reconhecimento dos filhos adulterinos – "Os filhos incestuosos e os adulterinos não podem ser reconhecidos" (BRASIL, 1912, não paginado). Tal norma, alterada pela aludida Lei nº 883, de 21 de outubro de 1949, que dispunha sobre o reconhecimento dos filhos ilegítimos, foi revogada posteriormente pela Lei nº 7.841 de 1989, logo após a promulgação da Carta Política de 1988, e antes, portanto, da entrada em vigor do novo Código Civil de 2002. Alguns juristas entendem que essa revogação significou um primeiro passo para a normalização do concubinato, quando se ampliaram os direitos dos filhos ilegítimos, de todo modo, também antes protegidos, conforme o aludido verbete nº 447 da Súmula do Supremo Tribunal Federal: "É válida a disposição testamentária em favor de filho adulterino do testador com sua concubina" (BRASIL, 1964d, não paginado).

Com a promulgação da Constituição de 1988, o Estado passou a reconhecer a união estável como entidade familiar, de acordo com o preceito do art. 226, § 3º, *in verbis*:

"Para efeito da proteção do Estado, é reconhecida a união estável entre o homem e a mulher como entidade familiar devendo a lei facilitar sua conversão em casamento" (BRASIL, 1988, não paginado).

Logo depois, as Leis nº 8.971, de 29 de dezembro de 1994, e nº 9.278, de 10 de maio de 1996, ambas ocupando-se do mesmo tema, a segunda de forma mais abrangente do que a primeira, vieram definir e estabelecer direitos e deveres dos conviventes na união estável.

Atualmente, com a entrada em vigor, em 2003, do novo Código Civil de 2002, aprofundou-se e aperfeiçoou-se o tratamento jurídico ministrado à matéria, identificando-se com precisão os direitos de companheiros que vivam sob o regime da união estável, equiparando-os à situação de cônjuges, como se casados fossem, desde que presentes e comprovados os requisitos para a sua configuração. Fez-se, ainda, nítida distinção da figura do concubinato, expressão que ganhou nova significação consoante se verá mais adiante.

CAPÍTULO III

NOÇÕES EVOLUTIVAS SOBRE A FAMÍLIA LEGÍTIMA E A ILEGÍTIMA

Em todas as partes do mundo civilizado, havia problemas sérios na união de homens e mulheres, sem base jurídica com que se pudesse identificar a noção de família aos olhos da lei. Eram pessoas que viviam apartadas no sentido legal do lar, na expressão de sua segurança e sua estabilidade.

Esses casais, se assim se poderia chamá-los, desamparados pela lei tinham origens as mais variadas. Uns se constituíram e permaneceram à margem do ordenamento jurídico por mera ignorância ou falta de condições para se ajustarem às normas convencionais ou mesmo por simples desprezo pelas formalidades e segurança legais, que a elevada consagração dos laços matrimoniais poderia trazer em termos de utilidade social para os cônjuges. Outros, na peculiar concepção de que o casamento perante Deus bastava para a satisfação íntima e consolidação plena do elo nupcial, sem que a lei dos homens precisasse intervir nessa relação profunda e privada. Outros, ainda, buscavam a felicidade não encontrada no lar destruído ou abandonado, negligenciando quanto ao futuro, desde que o presente lhes fornecesse sossego e tranquilidade, sem ambição.

Tanto a família legítima quanto a ilegítima visavam as mesmas finalidades fundamentais ou básicas: a união de duas pessoas de sexos opostos para coabitarem, darem-se mútua assistência e aos filhos advindos da relação.

O Código Civil de 1916 fazia uma série de diferenciações, hoje totalmente superadas, entre família e filiação legítimas e ilegítimas, prevendo legitimações e reconhecimentos legais, estabelecendo classificações de pessoas e de parentescos com o intuito de proteger e disciplinar as relações familiares dentro do convívio social, mas, na verdade, acabando por provocar e salientar estigmas e discriminações (BRASIL, 1916).

O art. 229 daquele diploma legal revogado estabelecia que "criando a família legítima, o casamento legitima os filhos comuns, antes dele nascidos ou concebidos [...]" (BRASIL, 1916, não paginado). Os arts. 352 e 353 do mesmo estatuto rezavam, respectivamente: "Os filhos legitimados são, em tudo, equiparados aos legítimos" (BRASIL, 1916, não paginado) e "A legitimação resulta do casamento dos pais, estando concebido, ou depois de havido o filho[...]" (BRASIL, 1916, não paginado). Esses dispositivos não encontram mais correspondência no Código Civil de 2002.

Sob o título "Do Reconhecimento dos Filhos **Ilegítimos**", o Capítulo IV do Título V do Livro I da Parte Especial do antigo Código Civil continha vários artigos que se referiam ao filho ou à prole ilegítima (BRASIL, 1916, não paginado, grifo nosso). Dentre esses, o art. 358, expressamente revogado pela Lei nº 7.841, de 17 de outubro de 1989, determinava que "Os filhos incestuosos e os adulterinos **não podem ser reconhecidos**" (BRASIL, 1916, não paginado, grifo nosso). Tal dispositivo marginalizava, irremediavelmente, os inocentes causando-lhes farisaicas e ostensivas máculas e segregações.

Após a Constituição de 1988 – que, no seu art. 227, § 6º, proibiu, peremptoriamente, quaisquer designações discriminatórias relativas à filiação a fim de impor os mesmos direitos e qualificação aos filhos havidos ou não da relação de casamento –, o Estatuto da Criança e do Adolescente (Lei nº 8.069, de 13 de julho de 1990), nos arts. 26 e 27, permitiu, sem restrição alguma, o reconhecimento do filho havido fora do matrimônio sem o emprego de termo depreciativo como "ilegítimo" (BRASIL, 1988, 1990).

Por sua vez, o Código Civil em vigor, ao tratar da filiação e do reconhecimento respectivo, em obediência ao comando da nova Constituição, suprimiu em seu texto qualquer expressão demeritória a respeito, eliminou as regras incompatíveis com o comportamento e a mentalidade da sociedade atual, aperfeiçoou princípios e introduziu normas, no ordenamento jurídico, coerentes com os costumes contemporâneos.

O envolvimento da pessoa na trama multifuncional do grupo familiar não discrepava, quando da vigência das leis obsoletas, como não discrepa, obviamente, até hoje, enquanto interessa surpreender as atitudes da vida dentro dela. O núcleo familiar opera equiparando psicologicamente seus componentes nas recíprocas relações, que constituem a convivência por ele prevista. Sendo a família, em sentido lato, fenômeno mais natural do que produto da convenção, torna-se, sob esse prisma, artificial e desumano estabelecerem-se diferenciações, como fazia o Código vetusto. No que se refere à formação dos elos de amor, afeto e compreensão, tanto a família legítima como a, anteriormente chamada, ilegítima provam o inevitável sentimento de ser a instituição mais sociológica do que legal. O ideal, colocado como sustentação da família, está mais na existência dela como grupo moral do que na ostentação formal imposta pela lei e pela sociedade.

A estabilidade da família não depende da coerção do Estado, senão da prática humana na experiência de seus benefícios. Dentro dela se encontra o mais adequado meio de conveniência para a satisfação das mais fundamentais necessidades humanas.

Por envolver o ser humano na sua totalidade, a estrutura familiar alimenta-se de fatores psicológicos, afetivos e dos princípios éticos.

A lei só atinge a família superficialmente. Os costumes, os hábitos e o sentimento ético são os pilares que vão garantir o desenvolvimento natural da solidariedade familiar na sua maior proporção.

No texto *Divórcio, Teoria e Prática*, Correa e Moura (1978) mencionam que:

> [...] pela estabilidade da convivência e exclusividade das relações sexuais, que se esperam do matrimônio, a lei e a religião exaltam a finalidade procriadora da união dos sexos dentro do casamento. Não que a mera formalidade de realizar-se um casamento seja penhor de lares estáveis e felizes, dentro dos princípios sadios da moral e dos bons costumes. Muitos concubinatos, formados e estabilizados pelo alicerce do respeito mútuo, afeto, compreensão, companheirismo, estabilidade e acatamento de fato de tudo quanto constitui a base da formação da família, apresentam-se em condições éticas superiores a muitos casamentos, de onde tais princípios foram delegados. O que importa, na real verdade, são as circunstâncias fáticas que alimentam a vida a dois e não puramente a fórmula do matrimônio.

Para o mestre Virgílio de Sá Pereira (1959, p. 89-90):

> A família é um fato natural, o casamento é uma convenção social. A convenção é estreita para o fato, e este então se produz fora da convenção. O homem quer obedecer a natureza e por toda a parte ele constitui a família, dentro da lei, se é possível, fora da lei, se é necessário.

Como se vê, mesmo antes da promulgação da nova Constituição, o pensamento jurídico da melhor doutrina jamais visara desconsiderar a família legítima como instituição fundamental de qualquer nação civilizada, sem desprezar, contudo, a compreensão da existência natural da família ilegítima. Havia de reconhecer-se naquela, no entanto, bem estruturada por leis adequadas à realidade em que a legalidade coincidia ao máximo possível com a legitimidade, o ideal para a formação do grupo familiar. A família legítima, com a ampla proteção do Estado, cumpria elevadas funções sociais bem caracterizadas, hoje cumpridas, igualmente, pelo atual e abrangente conceito de família, que compreende, superiormente, a legítima e a ilegítima de outrora.

O que se ressalta é que, independentemente de qualquer planificação legal, a concepção de família ilegítima existia de forma ostensiva e estigmatizante. E por ser realidade social, com comprometimento direto das pessoas nos aspectos sensíveis de sua personalidade integral, o Direito não poderia virar-lhe as costas. A solução era enfrentar e tratar o fenômeno, no sentido de adaptá-lo ao mundo legal em conformidade com a evolução dos costumes sociais, como, em verdade, vinha ocorrendo diante das novas tendências jurídicas.

A vida moderna, com o desenvolvimento desordenado das grandes conquistas materiais, sem o adequado ajustamento dos núcleos sociais, acarretou profundo desvio no sentido da família. "Cada progresso – dizia Savatier (1963, p. 224) – atenua a diferença entre o casamento e a união livre."

No rol dos motivos econômicos, cresciam as dificuldades para a formalização do casamento; a longa marcha nas carreiras profissionais, a carestia da vida; os gastos excessivos com o matrimônio, em sua celebração, preparativos, encargos e quejandos. Sob tal aspecto, primava a tendência celibatária de alguns homens que temiam os compromissos que a lei civil lhes impunha, com graves penas, até de prisão, pelo não cumprimento de obrigações alimentícias. Hoje em dia, esse temor relativizou-se, significativamente, na medida em que os compromissos e obrigações legais estenderam-se também ao instituto da união estável.

É importante destacar, neste passo, na relação das causas econômicas, o casamento por interesse material, sem a espontânea atração sentimental e sexual recíproca, o que concorria e concorre para a ligação fora do lar.

No que diz respeito às causas psicológicas, existiam e ainda existem vários fatores que predominavam e predominam no surgimento de obstáculos ao matrimônio, tais como: as crenças religiosas; os desníveis sociais e econômicos e a oposição paterna ou materna.

A união livre e o concubinato eram ideias semelhantes, uma e outra abrangiam a relação homem e mulher sem o vínculo do casamento, como já se expôs alhures.

Em relação às expressões quantitativas do fato social, anteriores aos anos 1950, as estatísticas não ofereciam dados seguros para confronto das uniões livres com as núpcias legais. Embora discordantes entre si, os cálculos demonstravam que, nas zonas rurais dos países mais desenvolvidos da América do Sul, as uniões livres chegavam ao índice de 55% (cinquenta e cinco por cento) em relação ao total de uniões legais e de direito.

Alguns autores acreditavam que, se esses dados correspondiam à realidade, a mesma posição seria a do Brasil.

Na obra de Santos e Carneiro (1958) referências estatísticas justificavam a aludida estimativa, tornando-se fundada a afirmação de que quase a metade da população brasileira vivia em regime de concubinato e de ilegitimidade de filiação. O Conselho Nacional de Estatística não desmentia esses dados, embora diminuísse em pequena escala a comparação.

À vista dos costumes da época, a união livre podia acarretar, em várias conjunturas, a existência de verdadeira família, sem diferenças, do ponto de vista comportamental e psicológico, da família legítima. A subordinação da mulher e dos filhos, por vezes até dos netos, ao homem que, por essa ou aquela razão, não quis ou não pôde formar sua prole com base matrimonial, ia aos poucos formando um agrupamento em condições análogas às que o casamento gerava para a família legal.

Para alguns estudiosos da matéria, a família natural já encontrava proteção, ainda que de forma oblíqua, na própria Constituição Federal de 1967/1969, de acordo com o art. 165, II, XI, XVI, no que se referia ao salário-família destinado aos dependentes, ao auxílio à maternidade, às consequências de doença, velhice, invalidez e morte, não distinguindo a família legal da natural.

Destaquem-se, neste ponto, os dispositivos constitucionais mencionados:

> Art. 165. A Constituição assegura aos trabalhadores os seguintes direitos, além de outros que, nos termos da lei, visem à melhoria de sua

condição social: [...] II – salário-família aos seus dependentes; [...] XI – descanso remunerado da gestante, antes e depois do parto, sem prejuízo do emprego e do salário; [...] XVI – Previdência Social nos casos de doença, velhice, invalidez e morte, seguro-desemprego, seguro contra acidentes do trabalho e proteção da maternidade, mediante contribuição da União, do empregador e do empregado" (BRASIL, 1969, não paginado).

Os que se opunham à proteção jurídica à família natural alegavam fatos extremamente radicais. Diziam que não se poderia admitir qualquer interpretação favorável nos casos omissos, na lei que a amparava, nem aceitavam a aplicação dos princípios gerais de Direito em prol da união livre honesta.

Assim é que, naqueles tempos, a corrente nos Tribunais e na literatura jurídica contrária a qualquer amparo à concubina, partia da abstração da amplitude do conceito de concubinato.

A união livre, conforme dito, podia ser vista em escalas que ascendiam ao mais alto nível do conceito moral de honestidade, como o casamento perante a Igreja sem o civil, até o *faux* ménage, na expressão dos franceses, a família natural, que nossa própria lei protegia em muitas oportunidades, como as formadas por pessoas inteiramente desimpedidas para casar, dentre elas os viúvos, passando por aquelas impedidas, como os simplesmente desquitados ou separados judicialmente.

Desamparar semelhantes situações, confundindo-as com uniões lascivas, por vezes até criminosas, era a grave imprudência dos que se cegavam com as luzes dos bons costumes.

Com a evolução dos novos rumos das condutas sociais, o Direito se curvava e enfrentava a realidade da união livre, dada sua expressão quantitativa, para dar-lhe efeitos jurídicos, não apenas no campo da infortunística, da previdência e das obrigações civis, mas também no próprio direito sucessório.

O concubinato era considerado fato social e fato jurídico, ao mesmo tempo reprovável ou aceitável, dependendo das circunstâncias que o cercavam. Ninguém podia fugir dessa verdade. O concubinato nasceu com a própria instituição do casamento. Integrava-se na vida social de todos os povos e dele decorriam as relações concubinárias e entre essas e terceiros.

Surgia a prole. Apareciam, dessa ou daquela forma, interesses patrimoniais e obrigações, em que muitas vezes a aparência do matrimônio legal colocava pessoas estranhas aos concubinos na ameaça de desrespeito a justos interesses, criados pela boa-fé. Havia uma multiplicidade de situações, que não podiam ser encaradas como se o pretenso jurídico ilícito originário devesse cegar o jurista para todos os aspectos ulteriores.

Do conjunto dos julgados que enfrentavam a união livre, em linha mais ou menos constante de reconhecimento de efeitos positivos, surgiu verdadeira disciplina, a ponto de alguns escritores chegarem à conclusão de que a jurisprudência estava se manifestando à guisa de sua regulamentação.

O exemplo inspirava-se em Esmein (1935), que dizia a propósito:

> A jurisprudência deve, pois, regulamentar todas as uniões que existem de fato e que reclamam uma disciplina. Ela representa, então, o papel do legislador e deve, como legislador, tomar por linha de conduta a oportunidade. Agirá em

sentido negativo, isto é, desamparando as uniões, se a lei ou a moral as declaram ilícitas. Mas sabe-se que uma tradição já longa recusa-se a tratar o concubinato como ilícito. E, se a união livre se torna frequente, não resta outro partido senão regulamentá-la. Os Tribunais iniciaram a tarefa e eu não objetivei neste trabalho nada além de auxiliá-los a encontrar o caminho. [...] A posição tomada pela jurisprudência é reconhecer a união livre como verdadeira instituição. Se os Tribunais deixam os Juízes do mérito livres para decidirem, e se a união constitui ou não de fato uma situação estável para valer como vínculo de direito, tal posição implica a afirmação de que a união, na estrutura de um verdadeiro lar, tem valor jurídico e, pois, que a união livre é uma instituição (Esmein, 1935, p. 747-785).

A seguir, abordar-se-á, mais detalhadamente, os aspectos jurídicos decorrentes dessa união frente ao atual e ao revogado Código Civil e à nova e à antiga Constituição.

CAPÍTULO IV

NOÇÕES GERAIS SOBRE O CONCUBINATO ONTEM E HOJE

Segundo os estudiosos de outrora, é desnecessário pesquisar uma definição para concubinato. Sua conceituação dependia das situações que revestiam cada caso concreto, razão pela qual seria desinteressante pesquisar as noções originárias do concubinato, porquanto os problemas que se apresentavam no mundo eram próprios do seu tempo e demandavam exame casuístico.

Alguns doutrinadores se limitavam, portanto, a um breve relato histórico. Na literatura e na sociologia, ocorria o mesmo. Para o clássico dicionário *Larousse (1929, p. 396)*, concubinato era: "O estado de um homem e de uma mulher que vivem juntos, maritalmente, sem serem casados."

E acrescentava o dicionário que não se podia confundir a concubina com a cortesã, nem mesmo com aquela que se designava ordinariamente por amante, porque quem diz amante diz capricho, paixão, amor de prazer, e, mais frequentemente, amor próprio e vaidade (Larousse, 1929).

Concubina era outra coisa. Com efeito, como já antes referido, era também a esposa sem título. O concubinato compreendia, além de outras, a ideia de matrimônio sem a sanção da lei. Pedro Nunes (apud Bittencourt,

1961, v. 1, p. 62), diante disso, definiu o concubinato da seguinte forma:

> O estado de um homem e de uma mulher que, sem estarem entre si ligados pelo vínculo matrimonial, durante um lapso de tempo mais ou menos duradouro, em que se presume que esta seja exclusivamente daquele, convivem notoriamente com a aparência de casados, sob teto comum, ou não.

Importante frisar que essas definições, normalmente, omitiam ou envolviam elementos que a jurisprudência considerava na apreciação dos casos. O Direito, que se formava através dos julgados, não se satisfazia com nenhuma definição genérica, nem, tampouco, assumia compromissos com pormenores integrantes de qualquer noção de concubinato. Exatamente por isso, levando em conta as inúmeras circunstâncias que, consoante a doutrina e a jurisprudência, influíam nas consequências jurídicas dessa união, seria impossível pretender-se definição de concubinato no passado.

Com o advento da Constituição Federal de 1988, conforme já aludido, o legislador constituinte pretendeu dar proteção às famílias de fato ou naturais, sem, no entanto, equipará-las inteiramente às famílias legítimas ou constituídas pelo matrimônio. As já referidas Leis nº 8.213, de 24 de julho de 1991, art. 16, e nº 8.441, de 13 de julho de 1992, art. 1º, § 1º, aquela tratando de planos e benefícios da Previdência Social e esta do seguro obrigatório de danos pessoais causados por veículos automotores de vias terrestres (DPVAT), passaram a beneficiar a companheira ou o companheiro com convivência marital por mais de cinco anos ou que tenham filhos resultantes do convívio (BRASIL, 1991a, 1992).

O caminhar do tempo fez surgir, então, inúmeras discussões e controvérsias acerca dos direitos dos companheiros. Em virtude disso, a Lei nº 8.971, de 29 de dezembro de 1994, definiu como companheiros a mulher e o homem que, sem impedimento para o matrimônio, mantivessem união comprovada por mais de cinco anos ou que dela tivessem prole, bem como tratou do direito a alimentos e à sucessão (BRASIL, 1994a).

Pouco depois, com o objetivo de regulamentar o § 3º do art. 226 da Carta Política, a Lei nº 9.278, de 10 de maio de 1996, veio estabelecer os direitos e deveres dos conviventes (aqui o vocábulo *companheiro* foi substituído por *convivente*), não se falando mais em tempo mínimo de convivência (BRASIL, 1996).

A Lei de 1994, constituída de um total de apenas cinco artigos, cuidou da matéria mencionada em, tão somente, três dispositivos, já que os dois últimos se ocupavam só da data de sua entrada em vigor e da revogação das disposições em contrário (BRASIL, 1994a).

Eis os três principais dispositivos aludidos da Lei nº 8.971, de 29 de dezembro de 1994, para comodidade de consulta:

> Art. 1º. A companheira comprovada de um homem solteiro, separado judicialmente, divorciado ou viúvo, que com ele viva há mais de cinco anos, ou dele tenha prole, poderá valer--se do disposto na Lei nº 5.478, de 25 de julho de 1968, enquanto não constituir nova união e desde que prove a necessidade.
> Parágrafo único. Igual direito e nas mesmas condições é reconhecido ao companheiro de mulher solteira, separada judicialmente, divorciada ou viúva.

Art. 2º. As pessoas referidas no artigo anterior participarão da sucessão do(a) companheiro(a) nas seguintes condições:

I – o(a) companheiro(a) sobrevivente terá direito enquanto não constituir nova união, ao usufruto de quarta parte dos bens do "de cujus", se houver filhos deste ou comuns;

II – o(a) companheiro(a) sobrevivente terá direito, enquanto não constituir nova união, ao usufruto da metade dos bens do de cujos, se não houver filhos, embora sobrevivam ascendentes;

III – na falta de descendentes e de ascendentes, o(a) companheiro(a) sobrevivente terá direito à totalidade da herança.

Art. 3º. Quando os bens deixados pelo(a) autor(a) da herança resultarem de atividade em que haja colaboração do(a) companheiro(a), terá o sobrevivente direito à metade dos bens (BRASIL, 1994a, não paginado).

Já a Lei de 1996, constituída de um total de onze artigos, complementou e aperfeiçoou a anterior em, apenas, seis dispositivos principais, já que os dois últimos, tal qual a outra, se ocupavam só da data de sua entrada em vigor e da revogação das disposições em contrário e os arts. 3º, 4º e 6º foram vetados.

Assim, ela definiu, de modo simples e objetivo, a união estável (art. 1º); identificou, com mais precisão, os direitos e deveres dos conviventes (art. 2º e incs. I, II e III); tratou do patrimônio comum (art. 5º, §§ 1º e 2º), da dissolução da união (art. 7º e parágrafo único) e da sua conversão em casamento (art. 8º), além de ter fixado a competência do Juízo da Vara de Família, assegurado o segredo de justiça, para apreciar a matéria (art. 9º) (BRASIL, 1996).

Transcreve-se, agora, com a mesma finalidade da citação anterior, os seis principais dispositivos mencionados da Lei nº 9.278, de 10 de maio de 1996:

> Art. 1º. É reconhecida como entidade familiar a convivência duradoura, pública e contínua, de um homem e uma mulher, estabelecida com objetivo de constituição de família.
> Art. 2º. São direitos e deveres iguais dos conviventes:
> I – respeito e consideração mútuos;
> II – assistência moral e material recíproca;
> III – guarda, sustento e educação dos filhos comuns;
> Art. 3º (Vetado).
> Art. 4º (Vetado).
> Art. 5º. Os bens móveis e imóveis adquiridos por um ou por ambos os conviventes, na constância da união estável e a título oneroso, são considerados fruto do trabalho e da colaboração comum, passando a pertencer a ambos, em condomínio e em partes iguais, salvo estipulação contrária em contrato escrito.
> § 1º Cessa a presunção do "caput" deste artigo se a aquisição patrimonial ocorrer com o produto de bens adquiridos anteriormente ao início da união.
> § 2º A administração do patrimônio comum dos conviventes compete a ambos, salvo estipulação contrária em contrato escrito.
> Art. 6º (Vetado).
> Art. 7º. Dissolvida a união estável por rescisão, a assistência material prevista nesta lei será prestada por um dos conviventes ao que dela necessitar, a título de alimentos.

> Parágrafo único. Dissolvida a união estável por morte de um dos conviventes, o sobrevivente terá direito real de habitação enquanto viver ou não constituir nova união ou casamento, relativamente ao imóvel destinado à residência da família.
> Art. 8º. Os conviventes poderão, de comum acordo e a qualquer tempo, requerer a conversão da união estável em casamento, por requerimento ao Oficial do Registro Civil da Circunscrição de seu domicílio.
> Art. 9º. Toda a matéria relativa à união estável é de competência do Juízo da Vara de Família, assegurado o segredo de justiça (BRASIL, 1996, não paginado).

Diante dos termos da legislação sobredita, muitos concubinatos, mesmo sem o objetivo de constituir família ou de atender, rigorosamente, a todos os requisitos legais, passaram a valer-se dos direitos garantidos à união estável.

Com o objetivo de sanar problemas e discussões acerca das diferenças existentes entre concubinos e conviventes, esses últimos protegidos pela legislação mencionada, o Código Civil de 2002, além de disciplinar as questões-alvo das duas leis citadas, de 1994 e 1996, trouxe um dispositivo especial, que não deixa margem para interpretações equivocadas, na medida em que estabelece, em seu art. 1.727, que "as relações não eventuais entre o homem e a mulher, impedidos de casar, constituem concubinato" (BRASIL, 2017, p. 250).

Dessa forma, atualmente, não há dúvidas quanto ao fato de que concubino é todo aquele que possui relação não eventual, estando impedido de contrair matrimônio pelos motivos previstos na própria lei civil.

Relevante ressaltar, no entanto, que nem todo aquele impedido de casar e possuidor da aludida relação não eventual será considerado concubino. Afinal, conforme ensina Gonçalves (2007, v. 1, p. 534):

> Malgrado a impropriedade da expressão utilizada, deve-se entender que nem todos os impedidos de casar são concubinos, pois o § 1º do art. 1.723 trata como união estável a convivência pública e duradoura entre pessoas separadas de fato e que mantém o vínculo de casamento, não sendo separadas de direito.

Logo, a pessoa separada de fato ou judicialmente, portanto impedida de casar, poderá se relacionar numa união estável sem que tal relação caracterize concubinato.

Conceito e sua Extensão

Como se viu, o concubinato não possuía definição legal no Direito brasileiro, conquanto referido expressamente em diversas passagens da lei. Sendo fruto dos fatos do mundo, a jurisprudência identificava-o de acordo com as situações concretas que ocorriam na trama das relações sociais da vida. Mas, em sua composição, os elementos podiam ser apreciados no sentido de uma conceituação mais ou menos ampla. Em poucas palavras, concubinato era, em primeira análise, a união estável, sob o mesmo ou sob teto diferente, do homem com a mulher, não ligados entre si por matrimônio. Tal era o sentido lato. Em sentido estrito, era a convivência *more uxorio*, ou seja, o convívio como se os companheiros fossem marido e mulher. Podia igualmente, porém, ser considerado em outras situações, inclusive, na de concubinato adulterino, quando a relação fosse constante e profunda.

Vejamos doutrina de 1961, quase 30 anos anterior à Constituição de 1988:

> Concubinato, em sentido amplo para **Luigi Frossi** é a união estável do homem e da mulher, não ligados pelo vínculo matrimonial; é o estado do homem e da mulher, que convivem maritalmente sem serem casados. É a forma primitiva das uniões sexuais estáveis, é o estado intermediário entre a união fugaz e passageira e o matrimônio, *consortium omnis vital*, consagrado pela lei civil (Bittencourt, 1961, v. 1, p. 63).

Como se vê, surgiam situações díspares, forçadas a uma só definição: desde o casamento religioso sem o civil, em que o homem e a mulher construíam família digna, vivendo no mais completo respeito e sem máculas, até a união adulterina em revezamento de um ou de outro dos amantes no lar conjugal. Tudo isso podia ser chamado de concubinato.

Se esta ou aquela mulher, na escala dos exemplos enunciados – que variava dos limites do matrimônio religioso até a afeição puramente carnal –, fosse pleitear direitos quando os sentisse lesados, a ela se diria, de igual forma, que o imoral comportamento obrigava os Tribunais a lhe fecharem as portas? A resposta, que poderia ser, de fato, tanto negativa quanto positiva, dependeria das circunstâncias, dos costumes da época e do juízo dos julgadores.

O concubinato envolvia várias situações, as quais precisavam ser observadas com bastante cuidado, para se evitar qualquer injustiça. Os problemas do concubinato incidiam, por conseguinte, em inúmeros casos, o que sempre contribuiu para revesti-los da máxima importância em razão das suas sérias consequências no seio da vida dos indivíduos e da sociedade.

Como ressaltou Abreu Filho (2003):

> O fato jurídico, que se caracteriza pela produtividade de efeitos jurídicos, admite uma conceituação lata e outra restrita [...]. Distingue, contudo, a doutrina, preliminarmente, os fatos jurídicos de uma outra categoria de eventos que se convencionou chamar de fatos materiais. Nesta indagação não importaria, absolutamente, a natureza intrínseca do fato, nem sua origem. Assim, um mesmo acontecimento poderia ser jurídico ou material, diferenciando-se um do outro pela produtividade de efeitos jurídicos, peculiar ao primeiro e inexistente no segundo [...]. Indaga-se, tão somente, se repercute ou não juridicamente. Na hipótese afirmativa, será fato jurídico; fato material será na segunda hipótese.

Desse modo, considera-se fato jurídico qualquer acontecimento ou circunstância aos quais o ordenamento positivo confere efeito jurídico. Assim, abordando exatamente a conceituação do concubinato como inegável fato jurídico, Anastasi (apud Bittencourt, 1961, v. 1, p. 64) manifestou-se no seguinte sentido:

> Nisto já o Legislador no Brasil equiparou, suprimindo eufemismos, a esposa do operário, na lei de acidentes do trabalho, à companheira mantida pela vítima. A que fica reduzido o princípio apriorístico de que o concubinato não é um fato jurídico?

Não se podia dizer, destarte, mesmo antes do advento da nova Constituição e do Código Civil de 2002, que, podendo a conceituação do fato jurídico bipartir-se em lícito e ilícito, nessa última categoria enquadrar-se-ia, necessariamente, o concubinato. Afinal, a objeção encontraria a oposição de algumas das leis já citadas, vigentes no passado, e da jurisprudência pretérita, que, desde há muito, lhe outorgavam efeitos legais, em variadas situações, para gerar direitos.

Tendo em linha de desdobramento o que não fosse adulterino, ou seja, aquele que se mantinha paralelamente ou lateralmente ao casamento de um dos concubinos, sem a ocorrência sequer da separação de fato, a licitude do concubinato foi, aos poucos, se entranhando no ordenamento jurídico nacional. É certo que àquela altura da evolução da questão, dentro do corpo do Direito brasileiro, estava se tornando cada vez mais dispensável o esforço para chegar a uma conclusão em abono da licitude da união concubinária, em face de seu amplo reconhecimento jurisprudencial.

Todavia, antes da promulgação da Constituição Federal de 1988, sempre havia opiniões genéricas e pré-concebidas a exprobrarem-lhe a imoralidade. Sob o argumento de preservar a família legítima, havia aqueles que procuravam ignorar o fato existencial do concubinato, negando-lhe qualquer efeito no âmbito do Direito Civil por considerá-lo contra os bons costumes. Fechavam os olhos e se impermeabilizavam mesmo frente aos dramas injustos que a união concubinária podia deixar atrás de si, como atitude típica de quem preferia, preconceituosamente, desprezar o tema e suas consequências reais na vida das pessoas e da sociedade, sem proceder, destarte, a qualquer criticidade efetiva.

A relação que resultava do fato, todavia, já gerava, naturalmente, efeito jurídico manifestado mediante a aquisição, a perda ou a modificação de direitos, não havendo dúvidas de que o concubinato, decerto, produzia eficácia também de aspectos positivos, consistentes na criação de deveres e obrigações.

Concubinato e Mancebia. O *Stuprum*

Naqueles tempos muito anteriores à Constituição de 1988, quem se inspirava nas definições do concubinato, no meio do fecundo debate em torno do assunto, poderia correr o risco de empregar a expressão apenas em determinado aspecto específico, relativo ao direito que gerava. Na distinção que se fazia entre concubina – com maior ou menor aproximação da ideia de esposa de fato – e amante, ou companheira momentânea de afeto, ou mesmo de comércio carnal de alguma permanência, podia estar contida, aparentemente, uma diferença entre as duas expressões – concubinato e mancebia.

Afigurava-se efetivamente problemático tentar identificar, à luz da ciência jurídica, pontos de diferença entre concubinato e mancebia. Não se via como afirmar, com segurança, que a expressão *concubina* se afastava da ideia de manceba. Nem mesmo seria justo assegurar que, nas oportunidades em que a lei se referia ao concubinato, teria ela em vista apenas a noção de estabilidade do vínculo, na aparência de casamento.

A expressão **concubinato** tinha duplo sentido: o genérico, quando, como termo análogo à união livre, abrangia toda ligação do homem com a mulher fora do casamento; e o específico, quando relativa ao semimatrimônio, a posse de estado de casado, ao entrosamento de vidas e de interesses, numa elevada comunhão de fato.

Seria arbitrário usar a expressão **concubinato** apenas nesse último sentido, deixando os demais, contidos na aludida acepção genérica, como mancebia e amigação, com o mesmo significado das correlatas expressões amante, barregã, amásia etc.

Veja-se, a propósito, que o Código Civil de 1916 proibia o legado do homem casado à sua concubina. O art. 1.719, III, usava a própria expressão *concubina*, achando-se aí um exemplo em que não se podia dizer que a lei pretendia excluir a amante, a manceba e a barregã.

Leia-se, na oportunidade, o comando do referido dispositivo: "Art. 1.719. Não podem também ser nomeados herdeiros, nem legatários: [...] III – A concubina do testador casado" (BRASIL, 1916, não paginado).

Os estudiosos franceses possuíam a mesma preocupação no que concerne a essa terminologia. Por exemplo:

> Beucher – depois de invocar Guyot, para quem *concubinage* é o nome que se dá ao comércio carnal de um homem e de uma mulher livre que não são casados (definição muito vasta), reproduz a noção de Ferreière – *concubinage* é a conjunção de duas pessoas que não são entre si casadas e que podem casar-se. Sob a influência dessas considerações do escritor francês aludido, já se propôs entre nós a mesma distinção (Bittencourt, 1961, v. 1, p. 66).

O que se pode assentar, sem receio de nenhum excesso, é que *concubinato* exprimia também ideia ampla, capaz de envolver em seu conceito qualquer união irregular estável, ao passo que a *mancebia* excluía o sentido de semimatrimônio. É, pelo menos assim, que, na linguagem de certos julgados e de muitos autores, as duas expressões apareciam.

A par dessas expressões, surgiram nos julgados e nos trabalhos de doutrina, uma outra terminologia, geralmente empregada, e que remontava à velha disciplina da matéria – *stuprum*. Significava um delito e hoje dela se vale em Direito Penal. Entretanto, no estado de união livre o emprego daquele vocábulo possuía outro alcance. Os que o empregavam, visavam a designar o comércio carnal, a união sexual passageira, embora não se limitassem a uma simples satisfação de prazer lascivo. E nessa aproximação, por assim dizer, acidental, sem continuidade, posto que não se revestia de qualquer tipicidade criminosa, não havia que se falar em nenhum efeito jurídico civil.

Companheira e Concubina

Mesmo antes de regulamentadas as hipóteses de companheirismo, bem como os direitos a ele inerentes, já se aconselhava o emprego de outras expressões com o objetivo de designar a união livre de consequências jurídicas positivas. Isso para atender a amplitude e complexidade que o conceito de concubinato possuía e, quiçá, para subtrair-se da indisposição moral, *a priori*, que, inadvertidamente, o vocábulo sugeria.

Companheira se entendia, no caso, por exemplo, de seguro ou de previdência, como a pessoa mantida pela vítima, dependente do beneficiário, que vivia às expensas do segurado, ou outras equivalentes, nelas sempre admitida a concubina no sentido honesto e respeitável.

Em sentença de profundo valor, na linha de humanização do Direito, o magistrado Osny Duarte Pereira (apud Bittencourt, 1961, v. 1, p. 68) afirmou que:

> Sendo distintos os sentidos das palavras concubina e companheira, inclusive na tecnologia legislativa, não pode o Juiz fechar os olhos à realidade e trancar em subjetivismo gerador de justiça.

Assim como ensina, atualmente, o professor Carlos Roberto Gonçalves, já àquela época Edgard de Moura Bittencourt lecionava que as duas expressões – concubina e companheira – estavam obrigatoriamente a separar ideias. A companheira seria sempre concubina; a concubina nem sempre seria companheira.

O que se pode dizer, sem risco de deslize técnico, é que concubinato possuía sentido amplo e tanto ao sociólogo como ao jurista, deveria preocupar a modalidade como se compunha e se apresentava, para daí se extraírem conclusões positivas ou negativas na política, legislativa e nas pretensões judiciais.

Concubinato Honesto

O concubinato honesto era compreendido como a união livre revestida do respeito que o homem e a mulher lhe davam e que impunham a terceiros. Era o sentimento recíproco em que se assentava e, sobretudo, pela moderação da vida discreta que se verificava, pela decência e compostura. Muitos estudiosos a empregavam, tais como Cammarota, que, ao tratar do tema, afirmava "refere-se à honrada concubina, quando em certas circunstâncias, outorga à companheira do morto o direito de reclamar indenização pelo acidente."

O Ministro do Supremo Tribunal Federal, Carlos Alberto Menezes Direito, em artigo publicado em 1991, portanto, entre a promulgação da Constituição Federal de 1988 e a edição das já citadas Leis nº 8.971/1994 e nº 9.278/1996, anteriores ao Código Civil de 2002, em vigor desde 2003, manifestou a seguinte opinião sobre concubinato:

> A meu juízo, com a nova disciplina constitucional, o que se tratava como sociedade concu-

binária, produzindo efeitos patrimoniais com lastro na disciplina contratual das sociedades de fato, no Código Civil, passa ao patamar da união estável reconhecida constitucionalmente como entidade familiar, e, como tal, gozando da proteção do Estado, legitimada para os efeitos da incidência das regras do direito de família, devendo a lei facilitar a sua conversão em casamento (Direito, 1991, p. 17).

Classificação do Concubinato

Alguns autores, a fim de distinguir as hipóteses existentes à época, procuravam classificar o concubinato segundo suas formas. Para Rogers (1942), o concubinato podia ser perfeito ou imperfeito, conforme houvesse ou não obrigação de fidelidade (ao menos da mulher), comunidade de vida, notoriedade e ausência das formalidades prescritas para o matrimônio. Existiam, para ele, portanto, dois tipos de concubinato, o direto e o indireto.

Na primeira classificação, encontravam-se as situações geradas pelo assentimento mútuo e recíproco, tácito ou verbal dos concubinos de viverem unidos porque haviam pactuado, por escrito ou não, as condições da vida em comum e a possível prestação de alimentos.

Concubinato indireto, por sua vez, era o que decorria da mutação de um matrimônio em um vínculo ineficaz: um estado civil que, por defeito de forma ou de fundo, não produzia seus regulares e devidos efeitos, e, por isso, degenerava em outro estado diverso.

Somente o exame casuístico de suas diversas circunstâncias e a análise dos seus aspectos específicos possibilitavam a definição e a compreensão dos exatos efeitos jurídicos do concubinato, que pudessem defluir das situações apreciadas e refletir na rotina da vida dos indivíduos envolvidos na hipótese examinada à luz dos princípios jurídicos consagrados sobre o tema.

CAPÍTULO V

CONCUBINATO ADULTERINO

De acordo com Gonçalves (2007, v. 6, p. 534):

> A expressão *concubinato* é hoje utilizada para designar o relacionamento amoroso envolvendo pessoas casadas, que infringem o dever de fidelidade, também conhecido como adulterino. Configura-se, segundo o novo Código Civil, quando ocorrem "relações não eventuais entre o homem e a mulher, impedidos de casar" (CC, art. 1.727).

Acrescente-se, no entanto, que, na verdade, não são apenas as pessoas já casadas que se acham impedidas de se casar novamente. O art. 1.521 do novo Código Civil enumera sete hipóteses de pessoas impedidas de casar, *in verbis*:

> Art. 1.521. Não podem casar:
> I – os ascendentes com os descendentes, seja o parentesco natural ou civil;
> II – os afins em linha reta;
> III – o adotante com quem foi cônjuge do adotado e o adotado com quem o foi do adotante;
> IV – os irmãos, unilaterais ou bilaterais, e demais colaterais, até o terceiro grau inclusive;

V – o adotado com o filho do adotante;
VI – as pessoas casadas;
VII – o cônjuge sobrevivente com o condenado por homicídio ou tentativa de homicídio contra o seu consorte (BRASIL, 2017, p. 236).

A propósito, registre-se, ademais, o teor do art. 1.723, § 1º, do novo Código Civil, que versa sobre união estável e os impedimentos referidos:

> Art. 1.723. [...] § 1º A união estável não se constituirá se ocorrerem os impedimentos do art. 1.521, não se aplicando a incidência do inciso VI no caso de a pessoa casada se achar separada de fato ou judicialmente (BRASIL, 2017, p. 250).

Ressalte-se, na oportunidade, a regra do § 2º do aludido art. 1.723: "As causas suspensivas do art. 1.523 não impedirão a caracterização da união estável" (BRASIL, 2017, p. 250).

Vejam-se, agora, as quatro causas suspensivas da celebração de casamento, previstas no art. 1.523 do Código Civil atual:

> Art. 1.523. Não devem casar:
> I – o viúvo ou a viúva que tiver filho do cônjuge falecido, enquanto não fizer inventário dos bens do casal e der partilha aos herdeiros;
> II – a viúva, ou a mulher cujo casamento se desfez por ser nulo ou ter sido anulado, até dez meses depois do começo da viuvez, ou da dissolução da sociedade conjugal;
> III – o divorciado, enquanto não houver sido homologada ou decidida a partilha dos bens do casal;

IV – o tutor ou o curador e os seus descendentes, ascendentes, irmãos, cunhados ou sobrinhos, com a pessoa tutelada ou curatelada, enquanto não cessar a tutela ou curatela, e não estiverem saldadas as respectivas contas (BRASIL, 2017, p. 236-237).

Frente às normas referidas, observe-se que, tanto antes da Constituição, quando o conceito de concubinato era muito mais abrangente, quanto agora, em que é restrito pelo disposto no art. 1.727 do Código Civil de 2002, a noção de concubinato adulterino sempre foi de simples definição, pois, pressupunha e pressupõe a ideia de os concubinos estarem ligados a outra pessoa por laços matrimoniais, caracterizando a adulterinidade da relação deles.

A adulterinidade, portanto, pressupunha e pressupõe quebra do dever de fidelidade entre os cônjuges. O que não ocorria, mesmo na vigência da Constituição anterior, quando os concubinos achavam-se ligados pelo vínculo matrimonial com outra pessoa por desquite, separação consensual ou judicial, mas não eram obrigados à fidelidade.

Poderia e pode ocorrer, no entanto, o fato de apenas um dos concubinos estar ligado à terceira pessoa por casamento, o que, algumas vezes, denotaria apenas engano ou boa-fé em relação ao solteiro, quanto à união adulterina, não sendo justo, portanto, que dessa situação adviessem consequências desfavoráveis ao concubino enganado.

O Caráter Delitual das Relações Adulterinas

Quando sequer havia a atual distinção legal entre matrimônio, união estável e concubinato, existia corrente doutrinária que, em face do seu caráter delitual, negava ao concubinato adulterino qualquer efeito jurídico positivo. Alegavam alguns autores que, por ser contra a moral, os bons costumes e a lei, não poderia a relação adulterina ter o menor amparo jurídico. O argumento era o de que o Direito não poderia abrir os olhos para a mulher que tomava por seu concubino um homem casado, e que, assim, tirava proveito econômico do sacrifício da esposa e dos seus filhos legítimos.

Para o já citado autor Bittencourt (1961, v. 1, p. 152) as afirmações eram coerentes, porém, ele fazia uma ressalva no tocante à lei em relação aos efeitos jurídicos positivos do concubinato adulterino. Ele citava, como exemplo, a situação que surgia da aplicação dos arts. 20, § 4º, e 21, letra "a", do Decreto nº 24.637, de 10 de julho de 1934 (Lei de Acidentes de Trabalho). Pelo primeiro dispositivo, a esposa separada por vontade ou culpa sua não é beneficiária do acidentado. Pelo outro, se o cônjuge legítimo não tiver direito ao benefício, pode este ser outorgado à companheira da vítima.

Nesses casos, a lei dava ao concubinato adulterino efeito positivo, indiscutível e amplo. Cumpre, neste passo, abrir ligeiro parêntese, a fim de fazer breve esclarecimento sobre a legislação que rege os acidentes de trabalho no Brasil, porquanto aqui mencionada. Consoante o eminente advogado Hertz Costa (2005) especialista na matéria, a legislação acidentária:

> [...] remonta ao ano de 1918, quando se logrou aprovar o projeto de lei sobre acidentes do trabalho, que fora organizado pela Comissão Especial de Legislação Social, tendo à frente, como relator, o Deputado Andrade Bezerra. Desse projeto surgiu o **Decreto nº 3.724**, de 15 de janeiro de 1919, modificado pelo Decreto nº

13.493, de 05.03.1919 e, por fim, regulamentado pelo Decreto nº 13.498, de 12.03.1919, constituindo-se, assim, a primeira lei brasileira em favor do trabalhador acidentado. Por se tratar de legislação pioneira, o Decreto nº 3.724 teve importância fundamental, não só porque constituiu o marco inicial da emancipação do infortúnio laboral no tocante ao direito comum, como a conquista do trabalhador, no âmbito das relações de trabalho, em se ver protegido na eventualidade de traumatismos e doenças das condições de trabalho.

Adotando a teoria do risco profissional, cujo criador foi Félix Faure perante o Parlamento da França, em 1883, passou-se a entender que assim como o empregador suporta o desgaste e a destruição de seu material, bem como os gastos de amortização do que lhe é útil, como os riscos de incêndio, responsabilidade civil etc., deve igualmente suportar a responsabilidade pelos acidentes ocorridos no trabalho realizado em seu proveito. Assim, todo aquele cuja missão é dirigir um trabalho que lhe confere benefícios é, *a priori*, responsável pelos acidentes que possam resultar no curso de sua execução. Tivemos, a seguir, o Decreto nº 24.637, de 10.07.1934 que, embora tenha igualmente adotado a teoria do risco profissional, constituiu inequívoco avanço na legislação infortunística notadamente porque, em seu artigo 36, obrigava os empregadores à garantia de seguro contra acidentes do trabalho em instituição particular, ou optar por um depósito nas Caixas Econômicas da União ou do Banco do Brasil, em moeda corrente, ou título da Dívida Pública Federal. O grande marco da legislação infortunística foi o Decreto nº 7.036, de 10.11.1944, regulamentado pelo Decreto nº 18.809, de 05.05.1945, tendo vigorado durante trinta e um anos, com a adoção, também, da teoria do risco profissional [...]. Mas, por paradoxal que pareça, embora o Decreto-Lei nº 7.036/1944 estivesse cumprindo satisfatoriamente o seu papel na proteção do trabalhador acidentado, eis que, a partir de então, passou-se a cogitar que o seguro acidentário deveria sair da iniciativa privada e ser estatizado e, nessa direção, surgiram várias legislações que serviram para desfigurar inteiramente as normas do infortúnio laboral. A Lei nº 6.367, de 19.10.1976, embora reconhecendo a estatização do seguro por acidentes do trabalho, foi a última legislação específica no tocante à matéria, eis que todas as normas jurídicas que vieram posteriormente a disciplinar o infortúnio laboral passaram a integrar a lei de benefícios da Previdência Social. Portanto, desde a edição da Lei nº 8.213, de 24.06.1991, dispondo sobre Planos de Benefícios da Previdência Social, não se tem no Brasil uma legislação apenas voltada para os acidentes do trabalho, mas sim uma miscelânea de normas previdenciárias em sentido estrito e de infortunística laborativa, em um só estatuto, sem a existência de um capítulo ou título especial e exclusivo para esta última. Cabe ao intérprete buscar aqui e ali, dentro da legislação previdenciária, o que se adapta ou não ao infortúnio do trabalho, o que, decididamente, não é bom. As normas acidentárias do trabalho, na esteira da tradição que ficou sedimentada em nossa legislação especial duramente conquistada, foram desfiguradas ao longo da estatização dessa modalidade de seguro [...] (Costa, 2005, não paginado).

    Feito o registro, saliente-se que a legislação acidentária, tal qual a previdenciária, numerosas vezes mencionadas neste trabalho, assumem especial importância em relação ao tema do concubinato na medida em que foram as primeiras a reconhecerem legalmente a união livre e a trazerem benefícios concretos aos companheiros.

    Já em outras situações, a lei expressamente impunha ao concubinato adulterino efeitos jurídicos negativos, como, por exemplo, quando impedia o reconhecimento de filhos (art. 358 do CC revogado), quando permitia a anulação de liberalidade (art. 1.177 do CC revogado) ou proibia o casamento entre o viúvo adúltero e o concubino (arts. 183, VII, e 207 do CC revogado) (BRASIL, 1916).

    A propósito, observe-se que o aludido art. 358 do antigo Código Civil, que ordenava que "os filhos incestuosos e os adulterinos não podem ser reconhecidos" (BRASIL, 1916, não paginado), foi revogado pouco depois da promulgação da nova Constituição, pela Lei nº 7.841, de 17 de outubro de 1989. Já a norma do art. 183, VII, do mesmo diploma legal, que estipulava que "não podem casar [...] o cônjuge adúltero com o seu corréu, por tal condenado" (BRASIL, 1916, não paginado), foi revogada pelo Código Civil atual; ao passo que a regra do art. 207 do Código de 1916 continua, parcialmente, em vigor, através do art. 1.548, I e II, do novo Código Civil. No entanto, o art. 1.177 do Código revogado, que estabelecia que "a doação do cônjuge adúltero ao seu cúmplice pode ser anulada pelo outro cônjuge, ou por seus herdeiros necessários, até dois anos depois de dissolvida a sociedade conjugal[...]" (BRASIL, 1916, não paginado), permanece plenamente em vigor, sem alteração, conforme o art. 550 do Código de 2002.

Critérios para Examinar-se a Relação Adulterina

Antes da Constituição Federal de 1988, os doutrinadores discutiam a diferença existente entre os chamados concubinatos puro e impuro. Com efeito, não havia na lei características claras e evidentes diferenciando as duas hipóteses.

O referido jurista Bittencourt (1961, v. 1, p. 152-153) um dos maiores estudiosos do assunto, afirmava que o caráter delitual da união, assentado na ilicitude do adultério, com sanções até criminais, imprimia diferença fundamental entre o concubinato simples, não proibido, e o adulterino. Nem por isso se poderia negar a este todo e qualquer efeito positivo nas relações entre os concubinos entre si e com terceiros.

Como a lei traçava os efeitos positivos e também os negativos, cabia ao julgador apreciar cada questão com muito cuidado para aplicá-la com propriedade e precisão.

O efeito negativo se caracterizava quando o adultério era manifestado nas relações com caráter injurioso. Nesse caso, não poderia produzir efeito jurídico positivo, pois ocorreria violação à lei, à moral e aos bons costumes.

Em outras situações, todavia, o concubinato poderia apresentar-se sem que o caráter delitual do adultério – e sua indisposição, em tese, com a lei, a moral e os bons costumes – constituísse justo obstáculo a uma demanda indignatória. Nesse caso, produziria efeito positivo.

Podem ser citados exemplos dos dois aspectos. O caso da mulher solteira em concubinato com homem casado era, porém, submetido a maior rigor. Aquela que tomasse por concubino um homem casado, e, sobretudo, com filhos, não poderia, em regra, pela natureza delitual de sua conduta, pretender reparação em prejuízo da esposa legítima e da prole.

Por outro lado, um dos concubinos pode ignorar o casamento do outro, pode ainda ter sido vítima de fraude sem incorrer, assim, nos rigores da lei penal, mas cometendo procedimento civilmente doloso. Importante ressaltar que a adulterinidade pode ser de ambos os concubinos ou de um só. O concubinato pode também ser preexistente ao casamento de um dos concubinos com terceira pessoa.

Enfim, sempre houve situações dentro das quais o julgador não deveria ser radical a ponto de considerar tão somente a existência do adultério e encerrar todas as pesquisas e investigações sobre o fato, já que haveria, muitas vezes, vários aspectos a ponderar, caso a caso.

Muitos autores que abordavam especialmente o assunto e se mostravam contrários ao concubinato adulterino não admitiam a possibilidade de ele produzir quaisquer efeitos jurídicos. Descreve-se um rol de situações em que o homem ou a mulher, ou ambos, deixando os deveres conjugais, lançam-se a uma imoralidade que merece a mais franca repulsa, acentuam a impiedade com seu legítimo esposo e seus próprios filhos, apontam uma série de fatos do mais expressivo relevo e terminam em prescrever a maior severidade possível na apreciação de tais casos.

Entretanto, o concubinato adulterino pode produzir efeitos jurídicos, a menos que o índice de imoralidade ou de agressividade ao casamento e aos bons costumes, atentamente estimados pelos Tribunais, venham a recomendar o contrário.

A esse respeito, veja-se que, nos termos do art. 1.642, V, do novo Código Civil, o concubino só perderá para o cônjuge fiel os bens a ele doados ou transferidos pelo concubino casado se restar provado que não foram adquiridos pelo esforço comum dos companheiros (leia-se concubinos), se o casal estiver separado de fato por mais de cinco anos (BRASIL, 2017).

Destaque-se, aqui, o comando do sobredito art. 1.642, V, do Código Civil atual:

> Art. 1.642. Qualquer que seja o regime de bens, tanto o marido quanto a mulher podem livremente: [...]
> V – reivindicar os bens comuns, móveis ou imóveis, doados ou transferidos pelo outro cônjuge ao concubino, desde que provado que os bens não foram adquiridos pelo esforço comum destes, se o casal estiver separado de fato por mais de cinco anos (BRASIL, 2017, p. 245).

Como apontado na nota 4, a esse artigo, de Negrão e Gouveia (2004, p. 370):

> Para que a reivindicação seja possível, é necessário que marido e mulher não estejam separados de fato há mais de cinco anos e que o bem reivindicado não tenha sido adquirido pelo esforço comum dos concubinos.

Enquanto a hipótese do concubinato prevista na regra citada do novo Código Civil produz efeitos positivos e negativos consoante haja prova, ou não, do esforço comum e do tempo de separação de fato, a norma equivalente revogada, parcialmente, do antigo Código Civil só produzia efeito negativo, ao determinar:

> Art. 248. A mulher casada pode livremente: [...] IV – Reivindicar os bens comuns, móveis ou

> imóveis, doados ou transferidos pelo marido à concubina (art. 1.177).
> Parágrafo único. Este direito prevalece, esteja ou não a mulher em companhia do marido, e ainda que a doação se dissimule em venda ou outro contrato (BRASIL, 1916, não paginado).

Por sua vez, o art. 1.801, III, do Código Civil em vigor dispõe que não pode ser nomeado herdeiro nem legatário o "concubino do testador casado, salvo se, sem culpa sua, estiver separado de fato do cônjuge há mais de cinco anos" (BRASIL, 2017, p. 255). Eis aí outra hipótese em que o concubinato produz efeito negativo ou positivo, conforme haja culpa ou não, e se o testador estiver separado de fato do cônjuge há mais de cinco anos.

Da mesma forma, o art. 550 do Código Civil atual faculta ao cônjuge fiel e seus herdeiros necessários a anulação da doação realizada pelo cônjuge adúltero ao seu cúmplice, até 2 (dois) anos depois de dissolvida a sociedade conjugal (BRASIL, 2017, p. 171). Ou seja, transcorrido o biênio referido, o concubinato produzirá, a *contrario senso*, efeito positivo na medida em que a dita doação não poderá mais ser anulada; ao passo que, antes de esgotado o prazo, o efeito será negativo. Segundo importantes precedentes, a norma do citado art. 550 não se aplica à doação feita à companheira ou ao companheiro (BRASIL, 1993).

Nos mesmos moldes, a fim de excluir quaisquer direitos da concubina de pessoa casada, os ditames do art. 793 do novo Código Civil deixa clara a intenção do legislador no sentido de que padecerá de nulidade a instituição do concubino como beneficiário de seguro de pessoa, caso o segurado não seja separado judicialmente ou de fato, consoante se depreende pela letra desse dispositivo:

Art. 793. É válida a instituição do companheiro como beneficiário, se ao tempo do contrato o segurado era separado judicialmente, ou já se encontrava separado de fato (BRASIL, 2017, p. 184).

Nesse caso, como se vê, o concubinato adulterino só produzirá efeito negativo. Esse artigo, aliás, não encontra correspondência no Código Civil de 1916.

De toda sorte, independentemente dos preceitos da lei, na verificação da adulterinidade do concubinato é possível o ingresso de boa-fé, para excluir a eiva. É que, na base do adultério, quer na configuração penal ou na civil, está a intencionalidade. Se um dos concubinos ignorava a existência do casamento do outro, ou cria em militar circunstância que afastasse o vínculo, como morte presumida do cônjuge, dissolução da sociedade conjugal falsamente apresentada, a adulterinidade da união não se configuraria, pois *error comunis facit jus*, "O erro comum faz o direito" (Paulo *apud* Xavier, 2002, p. 227).

A boa-fé, disposição psicológica contrária a uma realidade ignorada, é, contudo, de moralização, que, com seu toque mágico, transforma o irreal em real, o inexistente em existente, o falso em verdadeiro, o errado em certo, o antiético em ético.

Efeitos do Concubinato da Pessoa Casada

Segundo os termos dos arts. 1.814 a 1.818 e 1.961 a 1.965 do Código Civil em vigor, a mulher ou o homem casado, só pelo fato do concubinato, não perde o direito à herança do cônjuge, salvo na hipótese de relações ilícitas com madrasta, padrasto, mulher ou companheira do filho ou do neto, ou com o marido ou companheiro da filha ou da neta (arts. 1.962, II e III e 1.963, III). Já era assim na vigência do Código Civil revogado (arts. 1.592 a 1.602 e 1.741 a 1.745) (BRASIL, 1916, 2017, p. 256, 262-263).

Com efeito, nenhum desses dispositivos trata de exclusão do concubino ou da concubina, cabendo, portanto, ao cônjuge, se quiser afastar o outro adúltero, promover a separação ou o divórcio.

Como já se viu, a ligação concubinária nem sempre envolve a desonestidade, porque o concubinato em si não impõe a afirmação de que as pessoas que o praticam sejam desonestas, nem que a relação seja adulterina. O conceito de honestidade (compostura, decência e moderação), conforme Cabanellas (1946), não se incompatibiliza com a união livre, senão com os aspectos de fundo e de forma que venha a se revestir como, de resto, o próprio casamento a tal se sujeita.

Daí, pode-se chegar à conclusão de que a mulher ou homem casado, que vive em concubinato, poderá inclusive exercer a tutela, cujo impedimento decorre das causas enumeradas no art. 1.735 (BRASIL, 2017) do Código Civil em vigor, ex-art. 413 (BRASIL, 1916) do Código Civil revogado, nas quais não se acha incluída a relação concubinária.

O Cabimento da Pensão Alimentícia à Vista do Concubinato do Cônjuge Casado

O Código Civil de 2002 dispõe, em seu art. 1.702, sem correspondência no Código de 1916, o seguinte:

> Na separação judicial litigiosa, sendo um dos cônjuges inocente e desprovido de recursos, prestar-lhe-á o outro a pensão alimentícia que o juiz fixar, obedecidos os critérios estabelecidos no art. 1.694 (BRASIL, 2017, p. 248).

O art. 1.694 e seus dois parágrafos, do mesmo estatuto legal, estabelecem:

> Art. 1.694. Podem os parentes, os cônjuges ou companheiros pedir uns aos outros os alimentos de que necessitam para viver de modo compatível com a sua condição social, inclusive para atender às necessidades de sua educação.
> § 1º Os alimentos devem ser fixados na proporção das necessidades do reclamante e dos recursos da pessoa obrigada.
> § 2º Os alimentos serão apenas os indispensáveis à subsistência, quando a situação de necessidade resultar de culpa de quem os pleiteia (BRASIL, 2017, p. 248).

Tais ditames encontravam-se, parcialmente, previstos nos arts. 396 e 400 do Código antigo.

Já o art. 1.704 e seu parágrafo único do Código atual, sem correspondência no Código revogado, preconizam:

> Art. 1.704. Se um dos cônjuges separados judicialmente vier a necessitar de alimentos, será o outro obrigado a prestá-los mediante pensão a ser fixada pelo juiz, caso não tenha sido declarado culpado na ação de separação judicial. Parágrafo único. Se o cônjuge declarado culpado vier a necessitar de alimentos, e não tiver parentes em condições de prestá-los, nem aptidão para o trabalho, o outro cônjuge será obrigado a assegurá-los, fixando o juiz o valor indispensável à sobrevivência (BRASIL, 2017, p. 248).

Observe-se, neste passo, que a obrigação de prestar alimentos transmite-se aos herdeiros do devedor, na forma dos arts. 1.997, §§ 1º e 2º, do Código Civil em vigor, 1.796, §§ 1º e 2º, do Código Civil revogado e 23 da Lei do Divórcio (BRASIL, 1916, 1977a, 2017).

Note-se, ainda, que as normas sobreditas referem-se tanto, genericamente, aos parentes necessitados, dentre eles incluídos os cônjuges ou companheiros, como, especificamente, aos cônjuges separados judicialmente, declarados culpados ou inocentes.

A Lei nº 6.515/1977, que trata do divórcio, determina, no seu art. 19, que "o cônjuge responsável pela separação judicial prestará ao outro, se dela necessitar, a pensão que o juiz fixar" (BRASIL, 1977a, não paginado). No entanto, a Lei do Divórcio não dispõe, como o parágrafo único do art. 1.704 (BRASIL, 2017), acima transcrito, a respeito de alimentos necessários ao cônjuge culpado.

Verifica-se, pois, que a regra aplicável, ordinária e hodiernamente, é que o cônjuge declarado culpado pela separação – aqui no que se refere à culpa ante a existência de concubinato – não terá direito a alimentos e ficará obrigado a prestá-los caso o outro deles necessite. A exceção, no entanto, é tratada no parágrafo único do art. 1.704 do Código Civil e ocorre na hipótese de o cônjuge declarado culpado necessitar de alimentos e não possuir outros parentes em condições de prestá-los, nem aptidão para o trabalho. Nesse caso, os alimentos deverão ser fixados em valor indispensável apenas à sobrevivência do alimentando (BRASIL, 2017).

O art. 234 do antigo Código Civil, que se ocupava dessa matéria, estipulava o seguinte: "A obrigação de sustentar a mulher cessa, para o marido, quando ela abandona sem justo motivo a habitação conjugal, e a esta recusa voltar" (BRASIL, 1916, não paginado).

Veja-se que o artigo citado cogitava, tão somente, da obrigação do marido de sustentar a mulher, e não vice-

-versa, o que não se concebia em 1916, data do estatuto legal revogado. Em relação aos alimentos, a lei se referia à mulher inocente para lhe dar direito a recebê-los do marido. Contudo, se passasse a viver desregradamente ou em concubinato, sua desonestidade incompatibilizava-se com a inocência que justificava a pensão. Por isso, perderia o direito a ela.

Bittencourt (1961, v. 1, p. 158-159), mais de quarenta anos antes da vigência do Código Civil de 2002, já afirmava, superiormente, considerada a moral e o direito da época, que, se a mulher casada passasse a viver em concubinato com outro homem, não seria pela desonestidade dessa situação que a pensão cessaria, e sim por outra razão, como:

> O concubinato pode ser honesto, honestíssimo. Suponha-se o caso de uma mulher, antes casada somente no civil, e que, desquitada, casa-se com outro homem perante a Igreja. Não são casos de simples imaginação. Alguém duvidaria da boa-fé e da honestidade de tal união, de tal concubinato?
> E, mesmo que não se case perante a Igreja, mas que se case em país estrangeiro ou ainda que não se case em parte alguma, e que viva decentemente, em estado de casada, com nova prole, com novo lar – não se há de falar em imoralidade, em dissolução de costumes, nem desregramento de vida.
> A mulher, que então era inocente e pura, pode ser condenada por um rigoroso juízo moral, mas não deixa de ser honesta, se apenas cedeu à sua contingência humana.
> Como, então, justifica-se a cessação pelo marido do dever de prestar alimentos? Somente,

porque outra obrigação, a obrigação natural, impõe ao concubino o dever de alimentá-la. Se o concubino a presta e, ela aceita, repugnaria obrigar o marido a contribuir para o sustento de outro lar. Seria até contra o próprio direito natural.

Esse pensamento, vanguardista em seu tempo, todavia, hoje encontra-se traduzido de maneira adaptada na legislação na forma do art. 1.708 e parágrafo único do Código Civil de 2002, sem correspondência no Código anterior, que dispõe:

> Art. 1.708. Com o casamento, a união estável ou o concubinato do credor, cessa o dever de prestar alimentos.
> Parágrafo único. Com relação ao credor cessa, também, o direito a alimentos, se tiver procedimento indigno em relação ao devedor (BRASIL, 2017, p. 249).

No que tange à norma do parágrafo único transcrito, o Superior Tribunal de Justiça esclareceu:

> O fato de a mulher manter relacionamento afetivo com outro homem não é causa bastante para a dispensa da pensão alimentar prestada pelo ex-marido, acordada quando da separação consensual, diferentemente do que aconteceria se estabelecida união estável (BRASIL, 2001, p. 1).

Já a Lei do Divórcio, de 26 de dezembro de 1977, preceituava, conquanto de modo menos amplo, no art. 29, que "o novo casamento do cônjuge credor da pensão extinguirá a obrigação do cônjuge devedor" (BRASIL, 1977a, não paginado).

Abra-se, na oportunidade, breve parêntese para se refletir acerca de suposta antinomia parcial entre o disposto no parágrafo único do art. 1.704 do atual Código Civil, que determina, nas condições previstas, o pagamento de pensão mesmo ao cônjuge culpado pela separação, e o art. 1.708 desse diploma legal, que dispõe sobre a cessação do dever de prestar alimentos com o concubinato do credor (BRASIL, 2017).

A fim de se evidenciar a inexistência de contradição entre as ditas regras, deve-se considerar, a teor do art. 1.573 do Código Civil em vigor, que o cônjuge culpado, aludido no parágrafo único do art. 1.704, pode sê-lo não só por concubinato, mas também por outros motivos, tais como sevícia ou injúria grave; tentativa de morte; abandono voluntário do lar conjugal, durante um ano contínuo; condenação por crime infamante; conduta desonrosa; inclusive, por adultério esporádico, ou até praticado uma única vez, o que não caracterizaria, de sorte alguma, concubinato (BRASIL, 2017).

Leia-se, neste passo, o inteiro teor do art. 1.573 mencionado e seu parágrafo único:

> Art. 1.573. Podem caracterizar a impossibilidade da comunhão de vida a ocorrência de algum dos seguintes motivos:
> I – adultério;
> II – tentativa de morte;
> III – sevícia ou injúria grave;
> IV – abandono voluntário do lar conjugal, durante um ano contínuo;
> V – condenação por crime infamante;
> VI – conduta desonrosa.
> Parágrafo único. O juiz poderá considerar outros fatos que tornem evidente a impossibilidade da vida em comum (BRASIL, 2017, p. 240).

A primeira hipótese (art. 1.704, parágrafo único, do novo Código Civil) trata de cônjuge já declarado culpado por simples adultério, e não concubinato, e que, mesmo assim, faz jus ao recebimento de pensão, caso preenchidos os requisitos da norma (ressalte-se que, no exemplo, o culpado assim o é por força exclusiva do adultério, mas poderia o ser por outro motivo, consoante já mencionado).

A segunda hipótese (art. 1.708 do Código Civil atual), no entanto, versa acerca da superveniência de concubinato após a fixação dos alimentos. Nesse caso, o devedor seria desobrigado, uma vez que, para o legislador, o atual companheiro do ex-cônjuge poderia suportar o encargo, ou mesmo se não o suportasse, tal situação defluiria, única e exclusivamente, do puro talante do credor, que teria deliberada opção entre permanecer recebendo alimentos sem constituir, para tanto, nova relação concubinária ou dispensá-los, constituindo-a ao seu alvitre. Por essa razão, não há antinomia entre as normas citadas, que tratam de hipóteses distintas, como se viu.

Concubinato Adulterino na Jurisprudência Brasileira Passada e Presente

Por razões de ordem moral, legal, social e filosófica, não se deve apoiar, logicamente, o concubinato adulterino, mesmo porque colocar-se-ia em risco os princípios éticos e de direito que fundamentam a Constituição e a preservação da família. Mas, como toda regra tem sua exceção, existem casos que mereceram atenção especial dos julgadores, mesmo no passado, quando os costumes eram muito mais rígidos e intolerantes.

O Tribunal de Justiça de São Paulo, nos idos das décadas de 1970 e 1980, considerou que, na apreciação do concubinato adulterino, não pode o homem beneficiar--se com prejuízo da mulher. Abordou caso de concubino que ocultou da companheira sua condição de casado. Abandonando-a, quis livrar-se da partilha dos bens juntando a certidão de casamento com a mulher que antes também abandonara.

O aresto afirmou que sua condição de casado não impedia o reconhecimento do direito da concubina, já que a parte prejudicada desconhecia o fato e mantinha a relação de boa-fé, mormente tendo em vista a apreciação das circunstâncias particulares nas quais o juiz deve considerar também a reputação das partes nos termos do art. 131 do Código de Processo Civil (em vigor, na época, o de 1973):

> O juiz apreciará livremente a prova, **atendendo aos fatos e circunstâncias constantes dos autos, ainda que não alegados pelas partes**; mas deverá indicar, na sentença, os motivos que lhe formaram o convencimento" (BRASIL, 2017, p. 14, grifo nosso).

Era também importante saber, dentro do contexto dos costumes da época, se o cônjuge, antes de se unir a uma outra pessoa, já estava separado de fato de sua esposa ou marido.

No caso do concubino que continuava a vida em comum com o cônjuge e mantinha concubinato lateral, não era lícito falar, naquele tempo, em sociedade de fato para extrair os efeitos que o direito oferecia na hipótese de sociedade *more uxorio*. Ainda mais se se tratasse de adultério eventual, pois, como já dito, as meras relações sexuais, mais ou menos ocultas, veladas aos olhos de terceiros, não podiam, nem podem, constituir concubinato, muito menos merecer o tratamento compassivo do Direito. Relações da espécie não se pode dizer que, até hoje, não ofendam a moral média e os bons costumes.

Toda a construção jurídico-social pretérita, em torno do concubinato, considerava a situação em que os companheiros se uniam na vida comum, com mútua assistência, exclusividade de coabitação, com a abertura da convivência aos olhos de todos, em exata imitação do casamento. Esse era o suporte fático da sociedade de fato entre companheiros que mereciam o remédio oferecido, às vezes, pelo Direito escrito e, muito mais vezes, pelo Direito costumeiro, acolhido pelos Tribunais.

A respeito do concubinato adulterino, o Tribunal de Justiça de São Paulo, em acórdãos publicados, há muito, na *Revista dos Tribunais*, vols. 412 e 423, respectivamente, decidiu o seguinte:

> Mulher casada. Vida em comum com outro homem. Pretendido recebimento de meação dos bens adquiridos pelo esforço comum – Ação improcedente – Inaplicabilidade, à espécie da jurisprudência sobre concubinato. A Justiça não pode reconhecer efeitos jurídicos de natureza patrimonial ao adultério (SÃO PAULO, 1970a, p. 159).

> Concubina. Mulher casada e amasiada.
> Falecimento do amásio – Ação contra o espólio – Pretensão ao pagamento de serviço ou meação – Improcedência. A concubina só tem direito a ser indenizada pelo espólio do amásio, se entre eles não havia impedimento para o matrimônio (SÃO PAULO, 1971, p. 126).

Sem embargo desse modo de encarar o problema, colhiam-se julgados no sentido de afirmar a possibilidade de extraírem-se efeitos da união de fato na qual estivesse a pessoa casada, se essa se achasse separada de fato do cônjuge. Vejam-se, dentre vários outros, alguns arestos daqueles tempos, com essa orientação:

> Concubinato – Ação proposta contra a Fazenda do Estado pelo supérstite, para o reconhecimento de sociedade de fato entre ele e a falecida companheira, pela vida comum entre ambos, não tendo a finada, quaisquer herdeiros sucessíveis – Pedido procedente. De ser reconhecida, para os necessários efeitos, a sociedade de fato existente entre homem e mulher em vida *'more uxorio'*. É certo que o concubinato, por si só, não gera a presunção da existência de sociedade entre os concubinos. Contudo, o longo tempo da união, comunhão de vida e de interesses, a colaboração mútua e os esforços comuns das companheiras constituem fatores que induzem, decisivamente, a referida presunção (SÃO PAULO, 1974a, p. 94).

> Concubinato – Dissolução – Partilha do Patrimônio comum a concubina que mantém convivência pública e duradoura com o companheiro, contribuindo com seu trabalho para vitalizar o patrimônio comum, assiste direito à participação no acervo patrimonial por ambos edificado, quando da dissolução da sociedade de fato (SÃO PAULO, p. 83).

Transcreve-se aqui decisão firmemente contrária a que o concubinato adulterino tenha força jurígena:

> Concubinato – Vida em comum com homem casado – Partilha de bens. O concubinato capaz

de gerar efeitos patrimoniais não é o que ocorre quando um dos que dele participam é casado, uma vez que o adultério não pode resultar separação em prejuízo da esposa legítima e da prole (MINAS GERAIS, 1977, p. 724).

A jurisprudência era realmente oscilante entre permitir e negar direitos ao concubinato adulterino. Além dos casos mencionados, são bem expressivas as manifestações dos vetustos julgados, plenamente permissivos, que abaixo se destacam:

> Concubina – Concubinato Adulterino – Meação pretendida pela amásia – Carência decretada – Decisão reformada – Provimento do recurso. O fato de tratar-se de concubinato adulterino não retira à concubina o direito de obter participação no patrimônio formado pelo esforço comum de ambos (SÃO PAULO, 1973, p. 113).

> Concubina – Mulher casada amasiada – Sociedade de fato com amásio – Ação para dissolvê-la e partilhar os bens – Procedência – Desnecessidade de autorização marital para ir a Juízo – Recurso não provido. A mulher casada, notadamente quando exerce profissão fora do lar, não necessita de autorização do marido para ingressar em juízo. Comprovada a existência da sociedade de fato entre os concubinos, é cabível a sua dissolução judicial com a partilha do patrimônio adquirido pelo esforço comum (SÃO PAULO, 1970b, p. 138).

Leia-se, agora, recente aresto de 2004 do Superior Tribunal de Justiça, a respeito do tema:

> RESP. PROCESSO CIVIL. CIVIL. PRINCÍPIO DA. IDENTIDADE FÍSICA DO JUIZ. CONCUBINATO IMPURO. SÚMULA Nº 380 DO STF. SÚMULA Nº 7 DO STJ.
> [...]
> Admite o entendimento pretoriano a possibilidade da dissolução de sociedade de fato, ainda que um dos concubinos seja casado, situação, aliás, não impeditiva da aplicabilidade da Súmula 380 do Supremo Tribunal Federal que, no entanto, reclama haja o patrimônio, cuja partilha se busca, tenha sido adquirido "pelo esforço comum".
> A negativa pelas instâncias ordinárias da existência deste "esforço comum", inclusive quanto à prestação de serviços domésticos, inviabiliza o trânsito do especial pela necessidade de investigação probatória, com incidência da súmula 7 do Superior Tribunal de Justiça.
> Recurso especial não conhecido (BRASIL, 2004a, p. 1).

Das decisões citadas conclui-se que o concubinato adulterino tem que ser observado com bastante minuciosidade pelos julgadores a fim de que possam formar jurisprudência estruturada, definida e esclarecedora, porquanto se trata de problema delicado, com repercussão na família, na vida dos indivíduos e sua prole, e, por conseguinte, na base da sociedade, merecedor, portanto, de toda atenção dos legisladores, dos tribunais e da doutrina.

CAPÍTULO VI

EFEITOS JURÍDICOS

É de suma importância frisar, neste passo, quais são os efeitos jurídicos decorrentes do concubinato a fim de se identificar os direitos atuais da concubina na legislação.

Na esfera do Direito Civil, os efeitos de natureza patrimonial entre os concubinos sempre se definiram, sobretudo, pela jurisprudência, que se constitui, por um lado, fonte de direito, tornando o concubinato um fato jurídico desde tempos remotos. Por outro prisma, fundamenta-se no ordenamento legal e nos costumes contemporâneos a fim de promover a pacificação social e o equilíbrio das relações e interesses na comunidade, mediante adequada interpretação e aplicação da lei.

Excluindo a legislação de natureza previdenciária, nela incluída a do acidente do trabalho já citada alhures, todos os direitos patrimoniais decorrentes das situações dos que vivem em concubinato surgiram da jurisprudência e desaguaram nos preceitos da Constituição atual, das leis especiais sobre a matéria, e, por fim, consagraram-se nas normas do novo Código Civil.

Cabe, pois, fazer agora breve estudo com o exame desses efeitos jurídicos defluentes do concubinato.

Meios de Prova

Os meios de prova possuem relevância fundamental nas hipóteses concretas para garantir ao julgador segurança suficiente ao proferir a decisão, nos delicados casos de concubinato.

Todas as provas admitidas em lei são válidas para a demonstração da existência, das peculiaridades das situações especiais e dos fatos particulares das relações concubinárias, consoante a regra do art. 332 do Código de Processo Civil, segundo o qual:

> Todos os meios legais, bem como os moralmente legítimos, ainda que não especificados neste Código, são hábeis para provar a verdade dos fatos, em que se funda a ação ou a defesa (BRASIL, 2017, p. 27).

Cite-se, a propósito, o que dispõe o § 1º do art. 23 da Lei nº 5.890, de 8 de junho de 1973, que alterou, em parte, a LOPS – Lei Orgânica da Previdência Social (Lei nº 3.807, de 26 de agosto de 1960, com as modificações do Decreto-Lei nº 66, de 21 de novembro de 1966, agora, Lei nº 8.213, de 24 de março de 1991, com as respectivas mudanças parciais posteriores), enumerando alguns elementos que caracterizam a existência da vida em comum entre homem e mulher:

> São provas de vida em comum para efeitos do disposto no Regulamento, o mesmo domicílio, as contas bancárias conjuntas, as procurações ou fianças reciprocamente outorgadas, os encargos domésticos evidentes, os registros constantes de associações de qualquer natureza, onde figura a companheira como dependente

ou quaisquer que possam formar elemento de convicção (BRASIL, 1973b, não paginado).

O Código Civil de 2002, de forma genérica, apontou, igualmente, características configuradoras da existência da união estável no art. 1.723, que manteve, com mínima alteração, apenas na ordem dos vocábulos, a redação do art. 1º da Lei nº 9.278, de 10 de maio de 1996:

> Art. 1.723. É reconhecida como entidade familiar a união estável entre homem e mulher, configurada na convivência pública, contínua e duradoura e estabelecida com o objetivo de constituição de família (BRASIL, 2017, p. 250).

Já o concubinato, tal como definido no art. 1.727 do atual Código Civil, pode ser comprovado por todas as provas admitidas em Direito, sem haver nenhuma outra característica específica que deva ser demonstrada.

O autor Bittencourt (1961, v. 1, p. 274) sustentava que, embora a mais admissível seja a testemunhal, não é difícil que a prova escrita perfeita ou imperfeita, através de um simples começo de prova, venha em auxílio de quem queira demonstrar a união livre.

Ônus da Prova

Já dizia o velho brocardo: *"Actori Incumbit Onus Probandi"*. No dizer de Kish – o ônus da prova é uma suposição e uma sanção de ordem processual. Theodoro Júnior (2000, p. 374) ensina:

> De quem quer que seja o *Onus Probandi*, e para a prova ser eficaz, há de apresentar-se completa

e convincente a respeito dos fatos de que deriva o direito discutido no processo.

Falta de prova e prova incompleta equivalem-se na sistemática processual do ônus da prova.

Castro (2000, p. 34) no seu sempre atual trabalho *Teoria das Provas e suas Aplicações aos Atos Civis* ensina:

> O princípio real é este: a prova incumbe a quem articula um fato do qual pretenda concluir a existência de uma relação de direito, de melhor existência, para o autor de uma situação subjetiva. Quem vai a juízo e articula tem, por força, como intenção, mostrar que uma determinada situação lhe é favorável.

Com apoio na jurisprudência, pode-se observar o seguinte:

> a) na demonstração dos fatos societários deve ser observado um critério rigoroso porque a relação concubinária pode criar uma aparência de comunhão de bens;
> b) o simples concubinato, ainda que por longo período, não significa, nem prova **por si só** a existência de sociedade de fato entre os concubinos;
> c) a sociedade de fato **não se presume**, nem implica, passe o truísmo, em presunção *juris et de jure*, nem *juris tantum*, devendo ser feita de forma concreta a prova de sua existência;
> d) para caracterizar a sua existência será necessário comprovar, demonstrar cabalmente, a conjunção dos elementos constitutivos de toda a sociedade, objetivos e subjetivos, e para ter

como mais expressiva a existência de um esforço comum ou a reunião de bens, para proveito dos sócios, mais rigorosa deve ser a investigação a respeito.

Bittencourt (1961, v. 1, p. 321), em *O Concubinato no Direito*, observa:

> Uma sociedade, no exato sentido da expressão, não se contém em união livre. Os concubinos não objetivam, com a sua ligação, obter benefícios, o que basta para demonstrar a inexistência de qualquer pacto social. Em suma, a sociedade comercial e também a civil não se presume, nem existem na união concubinária, a menos que haja constituição regular, com pessoa literal, o que é permitido aos concubinos.

Rogers (1942) observa que a sociedade de fato não pode ser apreciada como no matrimônio, apenas pelo fato de concubinato, pois este, por si só, não cria nenhuma comunhão de bens ou de interesses.

Savatier (1963, p. 432) afirma que a pretendida sociedade entre concubinos não se deve confundir com o próprio concubinato.

Bittencourt (1961, v. 1, p. 28) novamente esclarece que, para se provar a *affectio societatis* é preciso caracterizar a participação na economia e no patrimônio comum, enfim, todos os meios de prova lícitas e admissíveis, para comprovar a existência do esforço comum.

Indenização por Serviços Prestados pela Concubina

A doutrina e a jurisprudência entendiam que a indenização surgia quando havia efetiva contribuição da concubina, que exercesse atividade laborativa, em favor do companheiro, da casa e dos filhos. Eram as lidas domésticas, os labores do lar, os cuidados afetivos e materiais do concubino e da prole, os serviços de panela e mesa que fundamentavam a remuneração.

De fato, especialmente nas camadas de baixa renda, o trabalho da mulher, companheira, dona de casa, que cozinhava, passava, lavava, arrumava, limpava, costurava e cuidava da rotina doméstica e dos filhos, e ainda encontrava tempo para se desdobrar em afetos ao companheiro e às crianças, representava crucial e insubstituível contribuição na economia do lar e no equilíbrio emocional e psicológico da família. Sem esse poderoso sustento e amparo, a qualidade de vida do grupo, que dependia dessa decisiva força de trabalho, cairia vertiginosamente, de forma radical e profunda. Salta aos olhos a significativa contribuição da mulher no nível de vida dos beneficiários dessa dedicação essencial, que, sem dúvida alguma, merecia, e ainda merece, nas hipóteses em que ocorre, justa compensação financeira e remuneratória.

De outro turno, tal não acontecia, nem acontece, na faixa mais abastada da população, em que todo o oneroso trabalho doméstico referido pode ser efetuado por empregados e prestadores de serviços, que só facilitam e elevam a comodidade da rotina de vida. Nos casos submetidos ao Judiciário, há que se examinar, com temperança, cada hipótese específica, a fim de se situar o ponto particular em que ela se encontra dentre os extremos.

Na opinião do autor Moura (1979, p. 27) a remuneração dos serviços prestados era a segunda mais importante pretensão de caráter patrimonial da concubina. A primeira era o direito de meação, quando se conseguia provar a existência de sociedade de fato.

Deveria ocorrer a participação direta da concubina na constituição do patrimônio. Ao invés do direito à remuneração, ela poderia ser compensada, patrimonialmente, e de modo proporcional à sua contribuição, bastando que ficasse provado, apenas, que desempenhou papel caseiro no concubinato, calculando-se, então, o tempo de convivência e a economia com as despesas evitadas por força dos serviços domésticos prestados.

Nesse aspecto, eram levados em consideração o grau de instrução da concubina e o nível social dos companheiros, tendo em vista que, nas camadas mais elevadas da população, a mulher veio adquirindo, passo a passo, enorme espaço, conquistas e participação em todos os campos da vida em sociedade.

Em relação àquelas pessoas que vivem em locais onde o costume e o grau de informação são precários, cada caso deve ser apreciado com muita atenção, já que a realidade não lhes proporciona opções.

Após dissolvida a relação concubinária entre companheiros menos favorecidos, objetivava-se, então, estabelecer uma espécie de salário como meio de indenização. Eis alguns julgados de outrora a respeito do assunto:

> Companheira – Serviços Domésticos – Faz jus à remuneração por serviços domésticos ou outros lícitos e de natureza econômica, a mulher solteira que viveu sob o mesmo teto, durante anos, com homem solteiro, de quem engravidou, em união livre e honesta (BRASIL, 1973c, p. 238).

> Concubina – Serviços Domésticos Prestados ao Amásio – Ação Procedente – Apelação não provida – Voto vencido. Provado que a autora

conviveu com o réu durante dois anos, prestando-lhe neste período serviços domésticos, assiste-lhe o direito de reclamar em Juízo, a paga dos mesmos (SÃO PAULO, 1968, p. 168).

Entretanto, apesar dos numerosos acórdãos nesse sentido, existia também pronunciamento jurisprudencial recusando o referido efeito:

> Concubina – Ação para cobrar trabalhos domésticos – Improcedência – Apelação não provida – Voto vencido. Simples trabalhos domésticos não justificam pagamento (SÃO PAULO, 1966, p. 122).

Destaque-se agora, julgado em que, não obstante se reconhecesse direito à remuneração por serviços domésticos prestados, foi ele negado, no particular, por ter ocorrido outra espécie de compensação, consistente em assistência econômica e moral, durante a convivência dos concubinos:

> Concubina – Rompimento do concubinato – Serviços Domésticos Prestados ao Companheiro – Pagamento pedido – Compensação admitida pela autora – Ação improcedente – Apelação não provida – Voto vencido. A concubina não tem direito a salários por prestação de serviço ao companheiro, quando ela própria admite que houve compensação do seu trabalho com a assistência econômica e moral que, por aquele, lhe foi dispensada (SÃO PAULO, 1974b, p. 78).

Como se vê, o aspecto da indenização era bastante discutido nos Tribunais, e, tal como ocorria com outros pontos relativos ao tema, cada caso específico demandava tutela jurisdicional exclusiva, conforme as circunstâncias próprias, examinadas na hipótese.

Importante destacar, ademais, que, segundo doutrina e jurisprudência, só havia indenização por serviços prestados quando a concubina era abandonada, e não quando ela abandonava o concubino.

Ainda hoje, veem-se, de igual modo, inúmeras decisões no sentido da possibilidade desse tipo de indenização, consoante os seguintes acórdãos do Superior Tribunal de Justiça:

> RECURSO ESPECIAL. CONCUBINATO. AUSÊNCIA DE PATRIMÔNIO COMUM. PRETENSÃO DE INDENIZAÇÃO POR SERVIÇOS PRESTADOS. POSSIBILIDADE. PRECEDENTES DESTE STJ. RECURSO CONHECIDO E PROVIDO.
> 1. Inexistindo acréscimo patrimonial e, por conseguinte, quaisquer bens a serem partilhados, entende esta Corte Superior possível o pagamento de indenização ao convivente que se dedicou exclusivamente aos afazeres domésticos, a título de indenização por serviços prestados. Precedentes.
> 2. Recurso conhecido e provido (BRASIL, 2007, p. 1).

> DIREITO CIVIL. FAMÍLIA. CONCUBINATO. SERVIÇOS DOMÉSTICOS. INDENIZAÇÃO CABIMENTO.
> - Tem a concubina direito à pretensão postulada de receber indenização pelos serviços prestados ao companheiro durante o período de vida em comum. Precedentes.
> - Recurso parcialmente conhecido e, nessa extensão, provido (BRASIL, 2000, não paginado).

Confira-se, contudo, a opinião em contrário esboçada na aplaudida obra de Monteiro (2007, v. 2, p. 42), atualizada pela professora Regina Beatriz Tavares da Silva:

> Evidencia-se nos acórdãos que concederam a indenização a busca de solução para a falta de regulamentação adequada sobre a união estável. Diante de ordenamento jurídico, hoje ultrapassado, em que, no término da união estável, a mulher não tinha direito a alimentos e era exigida, para a atribuição do direito à partilha de bens, a prova de sociedade de fato (Súmula 380 do STF), especialmente quando não era realizada esta prova, eram atribuídos direitos à companheira pelos serviços domésticos prestados. O ordenamento jurídico sobre a união estável transformou-se completamente. Diante da dissolução da união estável surge o direito a alimentos, nas condições expostas neste capítulo. O regime de bens da união estável, diante da ausência de pacto em contrário, é a comunhão parcial de bens.
> Por isso, filiamo-nos à primeira corrente, que é majoritária presentemente. A concessão de salários ou de indenização à companheira situa o concubinato em posição jurídica mais vantajosa que a da pessoa casada, redundando em manifesto contrassenso em detrimento da justiça.

Convém, neste passo, destacar interessante debate travado em julgamento da Segunda Seção do Superior Tribunal de Justiça, encerrado no dia 27 de agosto de 2008, do Recurso Especial nº 914.811/SP, ocorrido em segredo de justiça, objeto do informativo periódico jurisprudencial do STJ, *in verbis:*

> Concubinato: cuidar da casa e dos filhos, por si só, não dá direito à meação.
> A partilha do patrimônio entre concubinos em caso de separação anterior à Lei nº 9.278/1996 deve observar a contribuição de cada um para a formação do patrimônio, não bastando para a meação a contribuição indireta consistente na prestação de serviços domésticos e no cuidado na criação dos filhos comuns. A conclusão, por 4 a 3, é da Segunda Seção do Superior Tribunal de Justiça (STJ), ao dar parcial provimento ao recurso especial de A.C.S., de São Paulo, para reduzir a 40% o percentual a título de participação da companheira sobre o valor correspondente aos bens adquiridos sob o regime do concubinato, no período de 1983 a janeiro de 1996. I.A.L. entrou na Justiça contra o companheiro, requerendo a dissolução de sociedade de fato, combinada com partilha de bens. Segundo afirmou, conviveram por um período de 13 anos, durante o qual tiveram três filhos, nascidos em 1983, 1985 e 1989. Enquanto A.C.S. trabalhava como sócio proprietário de duas empresas, ela cuidava do lar e dos filhos, colaborando, segundo alegou, para a formação do patrimônio líquido adquirido pelo companheiro durante a união. Em primeira instância, o juiz reconheceu a existência da união no período mencionado, determinando, então, a partilha igualitária dos bens, excluindo aqueles adquiridos após a dissolução da sociedade. O Tribunal de Justiça de São Paulo (TJSP) negou

provimento às apelações, mantendo a sentença que determinou a meação (50% para cada um). No recurso para o STJ, o ex-concubino alegou que a decisão do tribunal paulista não poderia ter aplicado, por analogia, os dispositivos que regulam o instituto da união estável, da Lei nº 9.278/1996, à hipótese de sociedade de fato, pois o relacionamento terminou em janeiro de 1996, anteriormente à vigência da lei (13.05.1996). Segundo o advogado, o TJSP fez recair a presunção do esforço comum, dispensando, dessa forma, a necessidade de prova a tal respeito.

Desempate
A Ministra Relatora Nancy Andrighi, não conheceu do recurso especial e manteve a meação conforme decidido nas instâncias inferiores: "Se o tribunal de origem reconheceu a contribuição da recorrida, mesmo que indireta, para a formação do patrimônio comum, não há como desenvolver ilação em sentido diverso do adotado em primeiro e segundo graus de jurisdição", afirmou. Os ministros Massami Uyeda e Sidnei Beneti acompanharam a relatora.

Ao votar, no entanto, o Ministro João Otávio de Noronha, que havia pedido vista do caso, conheceu e deu parcial provimento ao recurso especial para reduzir a 40% a participação da mulher nos bens. "Não se pretende desprezar a importância do restrito trabalho doméstico (administração do lar), criação e formação dos filhos em comum, mas apenas ter-se em conta, como pressuposto ao direito de meação advinda da ruptura do convívio concubinatário, a direta e efetiva contribuição para a formação dos bens patrimoniais, o que, a toda evidência, não restou demonstrado nestes autos", afirmou.

O ministro observou que, somente a partir da Lei nº 9.278/1996, é que se estabeleceu que os bens adquiridos na constância da união estável por um ou pelos conviventes passariam a pertencer a ambos, em condomínio ou partes iguais. Para Noronha, a fixação do percentual não deve implicar necessariamente meação no seu sentido estrito (50%, sendo recomendável que o arbitramento seja feito com moderação, proporcionalmente ao tempo de duração da sociedade, às idades das partes e à contribuição indireta prestada pela concubina.

Ainda segundo o ministro, as normas legais e orientações jurisprudenciais versando especificamente sobre concubinato, entre as quais a Lei nº 8.971/1994 e a Súmula número 380 do Supremo Tribunal Federal, delimitam que a atribuição à companheira ou ao companheiro de metade do patrimônio vincula-se diretamente ao esforço comum, consagrado na contribuição direta para o acréscimo ou aquisição de bens, mediante o aporte de recursos ou força de trabalho.

Ao decidir pelo percentual de 40%, João Otávio de Noronha fez, ainda, considerações sobre a aplicação do direito aos casos concretos pretéritos à Lei nº 9.278/1996, isto é, às hipóteses de uniões constituídas e dissolvidas anteriormente à edição da referida norma legal. "Como decidiríamos sobre os direitos patrimoniais da concubina nas hipóteses em que, no convívio *more uxorio*, além da atividade desenvolvida no lar, criação e formação dos filhos comuns e cuidados com o próprio convivente, tivesse dinâmica atuação profissional autônoma ou atividade laboral remunerada fora do âmbito doméstico, angariando recursos para suas próprias despesas, para melhoria do bem-estar dos filhos e concubino e, naturalmente, para a real formação do patrimônio comum?", questionou.

Os Ministros Fernando Gonçalves e Aldir Passarinho Junior acompanharam o entendimento do Ministro Noronha. Verificado o empate, o Ministro Ari Pargendler desempatou a questão reconhecendo a partilha, mas no percentual de 40%. O Ministro Noronha, que inaugurou a divergência, será o relator para o acórdão (BRASIL, 2008a, não paginado).

Não obstante a controvérsia estabelecida na doutrina e na jurisprudência a respeito da questão, cabe ressaltar, na oportunidade, que a solução ideal, para cada hipótese, em que se venha a postular providência jurisdicional, só pode ser casuística e moderada, como vem fazendo o STJ, consideradas as particularidades da espécie, como situação econômica e social das partes, grau de instrução e esclarecimento, possibilidades e necessidades de cada um dos envolvidos, contribuições, compensações e benefícios efetivos, bem como tempo e tipo de relacionamento, boa ou má-fé dos partícipes da relação, tudo a fim de que, realmente, consoante salientado na transcrição doutrinária acima, não se situe o concubinato em posição jurídica mais vantajosa que a da pessoa casada ou vinculada em união estável, sem que, do mesmo modo, se desampare o inocente ou o prejudicado na relação concubinária.

Liberalidades

O Código Civil de 1916 enfrentava a liberalidade entre concubinos, atendendo ao aspecto da união livre adulterina.

A liberalidade do solteiro, viúvo, desquitado ou divorciado não estava sujeita a sanções de nulidades, salvo as que diziam respeito aos atos jurídicos em geral.

Em relação às doações, dispunha o Código vetusto, no seu art. 1.177, que a doação do cônjuge adúltero ao seu cúmplice poderia ser anulada pelo outro cônjuge ou por seus herdeiros necessários até dois anos depois de dissolvida a sociedade conjugal (BRASIL, 1916). O Código atual, como já aludido alhures, manteve a disposição, em seu art. 550.

A ação que decorria daquele antigo dispositivo prescrevia em dois anos, contado o prazo da dissolução da sociedade conjugal, consoante estava previsto no próprio texto do mencionado art. 1.177, como nos arts. 178, § 7º, nº VI e 248, IV, do Código Civil de 1916. O art. 550 do Código atual estipula o mesmo prazo, e a jurisprudência a seu respeito esclarece que a regra não atinge a doação à companheira ou ao companheiro (BRASIL, 2005; RIO GRANDE DO SUL, 2002). Para propô-la, bem como para reivindicar os bens comuns móveis ou imóveis doados ou transferidos pelo marido à concubina, não precisava a mulher, evidentemente, de autorização daquele (art. 248, IV, do Código Civil de 1916).

Hoje, para reivindicar os bens comuns móveis ou imóveis doados ou transferidos por pessoa casada à concubina, nenhum dos cônjuges, obviamente, precisa de autorização do outro. Mas é necessário, segundo o art. 1.642, V, do novo Código Civil, conforme já dito antes, a demonstração de que os bens doados não tenham sido adquiridos pelo esforço comum dos concubinos, se o casal estiver separado por mais de 5 (cinco) anos, numa clara consagração da sociedade de fato que eventualmente o concubinato pode gerar, já precedentemente protegida pela Súmula n° 380 do Supremo Tribunal Federal (BRASIL, 1964c, 2017).

Apenas, para comodidade de consulta, eis, mais uma vez, o teor do verbete da referida Súmula e do mencionado dispositivo legal:

> Súmula n° 380: Comprovada a existência de sociedade de fato entre os concubinos, é cabível a sua dissolução judicial, com a partilha do patrimônio adquirido pelo esforço comum (BRASIL, 1964c, não paginado).
> Art. 1.642. Qualquer que seja o regime de bens, tanto o marido quanto a mulher podem livremente: [...]
> V – reivindicar os bens comuns, móveis ou imóveis, doados ou transferidos pelo outro cônjuge ao concubino, desde que provado que os bens não foram adquiridos pelo esforço comum destes, se o casal estiver separado de fato por mais de 5 (cinco) anos (BRASIL, 2017, p. 245).

O art. 1.474 do Código revogado dizia que não se podia instituir beneficiário de seguro pessoa que fosse legalmente inibida de receber doação do segurado (BRASIL, 1916). Tal regra não tem correspondência no novo Código Civil. Atualmente, o art. 793 do Código Civil estabelece que:

> É válida a instituição do companheiro como beneficiário, se, ao tempo do contrato, o segurado era separado judicialmente, ou já se encontrava separado de fato (BRASIL, 2017, p. 184).

Em relação às liberalidades *causa mortis*, estabelecia a lei civil anterior que não podia ser nomeada herdeira, nem legatária, a concubina do testador casado: Art. 1.719. Não podem também ser nomeados herdeiros, nem legatários: [...] III - A concubina do testador casado (BRASIL, 1916, não paginado).

O novo Código Civil, atento à nova acepção do concubinato, manteve no art. 1.801, III, a disposição, com a ressalva seguinte:

> Art. 1.801. Não podem ser nomeados herdeiros nem legatários: [...] III – O concubino do testador casado, salvo se este, sem culpa sua, estiver separado de fato do cônjuge há mais de 5 (cinco) anos (BRASIL, 2017, p. 255).

Diversas situações defluentes dos dispositivos legais serão examinadas adiante.

Embora válida, em princípio, a liberalidade do solteiro, viúvo ou divorciado à sua concubina, o ato estará sujeito às condições de perfeição que a lei estabelece para os atos jurídicos em geral. Sua anulação pode ser caracterizada com fundamento no que dispõe o art. 166 e seguintes do atual Código Civil, antigo art. 145 do Código Civil anterior.

O erro, o dolo, a coação, a simulação, a lesão ou a fraude também podem acarretar a anulação, e as relações concubinárias podem constituir elemento de apreciação das circunstâncias em que o vício da vontade tenha se verificado.

Em Relação à Doação

Pereira (1959) defende a tese de que:

> Pouco importa a data da doação, se ela é *causa mortis*. A sua data será a da abertura da suces-

são. Se, nesta data, o doador podia dispor dos seus bens, a doação é válida. Ele poderia até ter doado bens que não fossem seus, como é expresso no artigo 1.678 do Código Civil, contanto que, ao se abrir a sucessão, eles estivessem no seu patrimônio.

O art. 1.678 do Código Civil de 1916, mencionado na transcrição acima, estabelecia:

> É nulo o legado de coisa alheia. Mas, se a coisa legada, não pertencendo ao testador, quando testou, se houver depois tornado sua, por qualquer título, terá efeito a disposição, como se sua fosse a coisa, ao tempo em que ele fez o testamento (BRASIL, 1916, não paginado).

Agora, o art. 1.912 do Código Civil de 2002, de forma mais simples, preconiza: É ineficaz o legado de coisa certa que não pertença ao testador no momento da abertura da sucessão (BRASIL, 2017, p. 260).

Essa questão é bastante delicada, em face da necessidade de se preservar o patrimônio da família. O bem doado deixa o patrimônio dos cônjuges para ingressar no patrimônio da concubina.

Como já mencionado, o art. 550 do Código Civil vigente, antigo art. 1.177 do Código revogado, é o que dispõe sobre a anulação. Para efeito de anulação das liberalidades, o sentido de concubinato na lei anterior era bem amplo. Qualquer que fosse o caráter da união irregular, justificava a anulação. Hoje, todavia, o sentido é mais restrito.

Não obstante, o art. 1.177 do Código de 1916 falava abrangentemente de cônjuge adúltero:

> Art. 1.177. A doação do cônjuge **adúltero** ao seu cúmplice pode ser anulada pelo outro cônjuge, ou por seus herdeiros necessários, até 2 (dois) anos depois de dissolvida a sociedade conjugal (arts. 178, § 7º, VI e 248, IV) (BRASIL, 1916, não paginado, grifo nosso).

O art. 550 do Código de 2002 mantém a mesmíssima redação da norma precedente – com exceção, apenas, da parte final entre parênteses, suprimida na regra hodierna –, ou seja, com a menção genérica **adúltero**, sem entrar em pormenores da existência, ou não, de concubinato.

A diferenciação, que antes era ensaiada pela jurisprudência entre concubina e companheira, contornava, muitas vezes, o proibitivo do art. 248, IV, do antigo Código Civil:

> Art. 248. A mulher casada pode livremente: [...] IV – Reivindicar os bens comuns, móveis ou imóveis, doados ou transferidos pelo marido à concubina (BRASIL, 1916, não paginado).

Hoje, a instituição da união estável superou o antigo proibitivo aludido, e, ao mesmo tempo, considerado o esclarecimento, já aqui estudado, do art. 1.727 do novo CC – As relações não eventuais entre o homem e a mulher, impedidos de casar, constituem concubinato (BRASIL, 2017, p. 250) –, fixou melhor o alcance e as condições da regra do inc. V do art. 1.642 do Código Civil, que, de toda sorte, dependerá da adequada interpretação jurisprudencial para o aprimoramento de sua correta aplicação ao caso concreto:

Art. 1.642. Qualquer que seja o regime de bens, tanto o marido quanto a mulher podem livremente: [...]
V – reivindicar os bens comuns, móveis ou imóveis, doados ou transferidos pelo outro cônjuge ao concubino, desde que provado que os bens não foram adquiridos pelo esforço comum destes, se o casal estiver separado de fato por mais de cinco anos (BRASIL, 2017, p. 245).

Entretanto, curioso notar que o art. 248, parágrafo único, do Código Civil antigo, acentuava e explicitava a discriminação existente na *mens legis* da época pela preocupação que teve em destacar que pouco importava o fato de haver ou não separação de fato: Art. 248 [...] Parágrafo único. Este direito prevalece, esteja ou não a mulher em companhia do marido, e ainda que a doação se dissimule em venda ou outro contrato (BRASIL, 1916, não paginado).

Apesar disso, embora em menor ocorrência do que sucedia com a instituição de seguro de vida, eram encontradas manifestações pretorianas garantidoras da liberalidade no caso de o casal achar-se separado de fato, até que a possibilidade foi, enfim, prevista em lei – [...] se o casal estiver separado de fato por mais de cinco anos, conforme o citado art. 1.642, V, do CC/2002 (BRASIL, 2017, p. 245).

A doação, em qualquer aspecto, não é um ato nulo, e sim anulável, pois outorga ao cônjuge e a seus herdeiros a faculdade de promoverem a sua anulação – arts. 550 e 1.642, V, do CC/2002; 248, IV e 1.177 do CC/1916 (BRASIL, 1916, 2017).

A incidência dos preceitos e normas constitucionais e legais sobre a matéria há de ser sempre moderada conforme a hipótese concreta. A título de mero exemplo, pode-se imaginar o caso em que fique comprovado pelo marido que sua mulher abandonou o lar, e que, durante alguns anos (menos do que cinco) de separação de fato, ele passou a viver em companhia de sua concubina através de uma união moral, tanto quanto a do casamento, recebendo total apoio, inclusive em casa, através de serviços domésticos prestados por ela. Se não houver filhos daquela primeira união e o regime tiver sido o de separação de bens, nada mais justo do que coonestar esse tipo de doação, mesmo nos casos de separação de fato de menos de cinco anos, podendo-se, em tal hipótese, até partir da premissa de que surgiria como uma feição remuneratória pelos serviços prestados pela companheira, ainda mais se nascerem filhos desse último relacionamento e não tiver havido acréscimo patrimonial.

O art. 1.719, III, do Código antigo, há pouco transcrito, dispunha, sem a ressalva do art. 1.801, III, da lei civil atual, já também acima citado, que a concubina do testador casado era incapaz para efeito de receber dele por testamento (BRASIL, 1916). É de se observar que o Código era expresso ao estabelecer a incapacidade somente com relação à concubina de testador casado, o que levaria ao entendimento de que o concubino de mulher casada não seria considerado incapaz para adquirir por testamento, se se procedesse à exclusiva e contraindicada interpretação literal do dispositivo referido.

O Código anterior seguira o preceito de Theophrasto (apud Pompojo, 1953, p. 184):

> *"Jus constitui oportet, in his quae ut plurimum accident."* Cabendo ao homem, em regra, a direção econômica do lar, e não sendo normal que a mulher mantenha concubino à sua custa, a lei propôs somente quanto às liberalidades testamentárias do homem casado à sua concubina.

Modernamente, com a ascensão sociopolítica da mulher e sua participação cada vez mais crescente na vida econômica fora e dentro do lar, não se justificaria o privilégio a seu favor. Nem quando a administração dos bens comuns do casal cabia ao marido, nos termos do art. 274 do Código Civil de 1916 – diferentemente do que é hoje, conforme o art. 1.663 do novo CC, em que "A administração do patrimônio comum compete a qualquer dos cônjuges" –, a mulher estava impedida de testar (BRASIL 2017, p. 246). Aliás, testamento nada tem a ver com administração dos bens porque se trata de disponibilidade para após a morte, estejam em mãos de quem estiverem os bens.

Seria sumamente injusto, a todas as luzes, e contrário a todo princípio de equidade, rompendo o preceito da isonomia, que se concedesse à mulher casada aquilo que energicamente se vedaria ao marido: instituir livremente legatário seu concubino.

Por isso, o novo Código Civil, no mencionado art. 1.801, III, atento à nova realidade, alterou o vocábulo para o masculino, passando a valer tanto para o homem quanto para a mulher ao dizer "o concubino do testador casado[...]" (BRASIL, 2017, p. 255).

Promessa de Indenizar

Ao abandonar a concubina, o concubino promete ampará-la, através de um auxílio, que poderá ser em dinheiro ou não. Sua atitude pode erigir-se no reconhecimento de uma obrigação natural, a que a jurisprudência tem outorgado efeitos de obrigação civil. Nesse caso, a prestação torna-se judicialmente exigível pelo aspecto reparatório que o concubino admitiu.

Em relação à promessa de indenizar a concubina, para o fim de iniciar-se ou manter o concubinato, ficaria ela totalmente fora de cogitação, tendo em vista que tal hipótese significaria amparar a compra de favores sexuais, o que tornaria imoral e ilícita a relação.

Entretanto, se a promessa é feita quando cessa o concubinato, desaparece a imoralidade, pois houve o reconhecimento de uma obrigação natural por parte do concubino.

A promessa terá caráter remuneratório de serviços prestados ou compensatório de esforço despendido na coadjuvação do companheiro ao longo do concubinato.

Bittencourt (1961, v. 1, p. 366-367), a respeito da matéria, disse que:

> Na promessa de indenizar não há liberalidade, senão uma obrigação que, com o reconhecimento pelo concubino, pode ser exigida judicialmente. A pretensão que a concubina poderia exigir de seu companheiro, pelo dano moral ou material do abandono, foi por ele próprio reconhecida.

Se as circunstâncias revelarem que não houve por parte do concubino propósito de reparar qualquer prejuízo, mas intenção exclusiva de beneficiamento, a validade do ato estará sujeita ao exame formal do documento, inclusive exigência de escritura pública quando a lei reclamar.

O critério para a distinção entre o caráter reparatório e a liberalidade reside na apuração da existência ou inexistência de dano à concubina abandonada.

Diz o autor acima mencionado que é substancial que o intérprete dessas situações trace a linha de distinção entre a promessa de indenizar e a doação. Se das circunstâncias se verifica que o disponente não teve em vista senão a reparação, não há de se confundir a promessa de indenizar com a doação.

A promessa de indenizar, para produzir efeitos jurídicos, deve resultar de prova escrita, ou pelo menos de começo de prova escrita, salvo a hipótese em que, pelo menor valor da obrigação, a lei se contenta com prova exclusivamente testemunhal.

Adiante estão citados alguns julgados a respeito do assunto. No recurso extraordinário nº 80.982, o Supremo Tribunal Federal apreciou litígio entre Francisco Pignatari e Virginia Ira de Furstenberg, em que esta exigia a continuação do pagamento de quantias com base em promessa firmada por aquele. O Relator, Ministro Carlos Thompson Flores, manteve o decidido na instância inferior, para rejeitar o pedido da mulher. Eis o trecho do acórdão, que não conheceu do recurso extraordinário:

> A ligação entre os litigantes decorre de casamento celebrado na cidade de Reno, posteriormente dissolvido por divórcio lá processado, caracterizando-se como união livre, já que os nubentes procediam de sociedades conjugais anteriores e dissolvidas. Daí, não pleitear a autora assistência como esposa, ou alimentos como desquitada (BRASIL, 1975, p. 970).

A controvérsia se situou, pois, exclusivamente, na promessa de indenizar, decorrente de concubinato, com fundamento na teoria da obrigação natural, promessa na qual não se vislumbraria liberalidade, senão uma obrigação que, com o reconhecimento do concubino, podia ser exigida judicialmente:

> Ora, a autora nenhum prejuízo sofreu com o concubinato, ou não o comprovou, com prova ainda que indireta, circunstancial ou indiciária,

como lhe seria possível. Seu tipo de vida nenhuma diminuição sofreu, no que tange ao aspecto econômico. E a ruptura do concubinato não a impediu de ligar-se a outros homens, tão ou mais abastados que o réu.

Se prejuízo inexiste, a justificar o ressarcimento, em sorte a transmudar a questionada promessa de indenizar de obrigação natural em obrigação civil, a explicação concernente aos pagamentos feitos pelo demandado se encontra na pura liberalidade, que pode ser presumida, ou, como entende o digno prolator da decisão recorrida, numa vantagem econômica concedida em troca da facilitação do divórcio (Bittencourt apud Strenger, 1973, p. 105).

Não se pode confundir liberalidade com obrigação natural, como já se mencionou.

O julgador não deve considerar procedente o pedido da parceira, no sentido de indenizá-la pelo aspecto moral, uma vez que se trata de uma promessa feita pelo concubino no reconhecimento de uma obrigação natural, pois, por livre e espontânea vontade, ele resolveu indenizá-la. Além disso, a obrigação natural não pode ser exigida em juízo.

É importante destacar, como muito bem frisou Guinard (1933, p. 374), que:

> A questão de saber se a promessa feita pelo concubino tem fundamento suficiente para fazer dela uma obrigação natural ou se sua execução constitui uma liberalidade, pertence aos juízes que decidem o mérito, que terão neste ponto poder soberano de apreciação.

Interesse de Terceiros contra os Concubinos

A maioria dos autores tem amparado terceiros que, de boa-fé, contratam com os concubinos. Inclusive, a jurisprudência concernente ao tema encontra-se pacífica nos Tribunais.

No estudo da teoria da sociedade de fato existia a orientação de uma situação que também legitimava a doutrina de privilégio de terceiros que negociavam com os concubinos.

A alegação é de que o terceiro, ao tratar da negociação com um dos concubinos, geralmente está de boa-fé, achando que ambos estão unidos através do matrimônio legal. Afrontaria, completamente, a realidade, se se pretendesse que fornecedor, comerciante ou prestador de serviço exigissem, na concessão de crédito, certidão de casamento, prova de existência de união estável ou qualquer outro documento semelhante do cliente, do contratante ou do consumidor.

Nas grandes capitais, a evolução dos negócios tem base nas constantes situações de aparência, e não há como fugir dessa tão expressiva circunstância. Mais uma vez, confirme-se que a boa-fé, efetivamente, cria direitos.

O exame dessa boa-fé está sempre preso aos aspectos de fato. Se, porventura, o terceiro tinha justa razão para conhecer a união irregular, não se legitimaria a solidariedade da obrigação ao outro concubino, e sim somente ao contratante.

É claro, entretanto, que, nesse caso, não se aplicaria o rigor da conceituação do concubinato, que protesta pela incidência dos efeitos jurídicos das relações dos concubinos entre si. Irá ocorrer, somente, justo motivo de engano pela aparência, de modo que o terceiro não tenha condições de invocar sua própria imprudência, nem lhe poderá exigir o dever de excessiva prudência, de maneira a dificultar o natural alargamento dos créditos populares.

Analisadas as condições exteriores, que dão ou podem dar ao concubinato aparência de matrimônio legal ou de união estável, não interessa aos demais quando se examinam direitos de terceiros. Sendo assim, pode-se concluir que a aparência e a boa-fé primam nas relações de interesse de terceiros contra os concubinos.

As Antigas Locações Prediais

Muito antes da vigência da atual Lei do Inquilinato (Lei nº 8.245, de 18 de outubro de 1991), e até mesmo depois dela, nas locações prediais, o locador teria que estar apoiado na teoria da aparência, caso houvesse problema de ocasional infração do contrato locatício ou da lei, no que tange ao aspecto da espécie de relação entre o locatário e sua mulher, cônjuge, companheira ou concubina ou vice-versa, para efeitos de sucessão, garantias ou sub-rogação de direitos e obrigações, tendo em vista que não se espera que o senhorio exija certidão de casamento ou provas de união estável dos inquilinos para confirmação cabal do seu verdadeiro estado civil.

O locatário contratante da locação sempre será responsável por eventuais danos sofridos pelo imóvel e por qualquer outro descumprimento, contratual ou legal, praticado por quem o habite, o frequente ou, meramente, o visite.

No entanto, quando da vigência da antiga lei, conforme a jurisprudência e doutrina da época, a concubina era considerada dependente, assim como se fosse casada com o locatário, para que este viesse a ser responsável pelos atos praticados por ela perante o locador, conforme as regras que regem o contrato de locação.

Assim, se o locador celebrasse a locação sem procurar saber a verdadeira condição do suposto cônjuge, não poderia alegar, posteriormente, a situação concubinária para tentar a rescisão contratual. Se o senhorio, por força dos rigorosos costumes e excessivas pressões de falsa moral da época, se sentisse constrangido de alugar seu imóvel para casal que mantivesse relação concubinária, deveria ele evitar a celebração do contrato, porque o rompimento posterior, por esse motivo, não seria possível.

A jurisprudência dos Tribunais, desde outrora, reconhecia que "não importa, para os efeitos da locação, que a família do locatário seja legítima ou ilegítima". No mesmo sentido, "os privilégios atribuídos à família legítima não excluem os direitos da união de fato, mormente o direito elementar de moradia."

O respeitado autor Bittencourt (1961, p. 79) entendia, já naqueles tempos, que a companheira, desde que dependente do locatário, poderia sucedê-lo na locação, se residente no prédio e respeitada a preferência dos herdeiros necessários.

O locador, entendendo que a companheira supérstite não tinha o direito de continuar no prédio, poderia mover ação possessória para tentar reaver o imóvel, alegando que não subsistiria a relação contratual, pois, com a morte do locatário, esta estaria dissolvida.

Se houvesse ruptura, por consenso, do vínculo concubinário, deveria primeiramente ser examinada qual a norma pela qual os concubinos teriam acordado na ocupação do prédio. Se se efetuasse o pagamento do aluguel, não poderia o senhorio deixar de manter a locação.

No caso de o concubino abandonar sua companheira, mas permanecendo a dar-lhe assistência, a hipótese se assemelharia à ruptura pelo consenso, sendo que, neste caso, não haveria vontade bilateral. Mesmo assim, o locador não poderia se recusar a prosseguir a locação se um dos concubinos continuasse a pagar o aluguel, diretamente ou por intermédio do outro.

A jurisprudência se manifestava no sentido de que, se ocorresse abandono do concubino, mas este permanecesse responsável pelo aluguel e seus encargos, não haveria fundamento para o locador rescindir o contrato. Salvo se o concubino notificasse o locador, alegando não mais prosseguir a locação, sob direito de prorrogação em favor da companheira. Sendo certo, nessa hipótese, que, se o contrato fora escrito, o senhorio poderia demandar o seu cumprimento pelo locatário, sob as penas estabelecidas na antiga Lei nº 6.649, de 16 de maio de 1979.

No caso de morte do concubino, havia divergência entre os autores no sentido da pretensão da concubina em manter-se no prédio. Rodrigues (1957) pronunciava-se contra a juridicidade da prestação da concubina. Espíndola Filho (1951) também é de opinião que a lei não obrigava a pretensão da companheira.

A Nova Regra Legal

Atualmente, a Lei do Inquilinato disciplina, de forma textual, a situação do prosseguimento ou da sub--rogação do contrato locatício em favor do cônjuge, companheiro ou concubino, nos casos de morte do locatário, de separação de fato e judicial, de divórcio ou de dissolução da sociedade concubinária.

Com efeito, os arts. 11 e 12 da Lei nº 8.245, de 18 de outubro de 1991, estabelecem o seguinte:

> Art. 11. Morrendo o locatário, ficarão sub-rogados nos seus direitos e obrigações:

> I – nas locações com finalidade residencial, o cônjuge sobrevivente ou o companheiro e, sucessivamente, os herdeiros necessários e as pessoas que viviam na dependência econômica do *de cujus*, desde que residentes no imóvel [...].
> Art. 12. Em casos de separação de fato, separação judicial, divórcio ou dissolução da sociedade concubinária, a locação prosseguirá automaticamente com o cônjuge ou companheiro que permanecer no imóvel.
> Parágrafo único. Nas hipóteses previstas neste artigo, a sub-rogação será comunicada por escrito ao locador, o qual terá o direito de exigir, no prazo de trinta dias, a substituição do fiador ou o oferecimento de qualquer das garantias previstas nesta lei (BRASIL, 1991b, não paginado).

Como se vê, os dispositivos transcritos não deixam mais, consoante ocorria antes, margem para dúvidas quanto ao direito efetivo do cônjuge, do companheiro ou do concubino de permanecer no imóvel locado, nas hipóteses neles referidas. Cabe aqui, no entanto, citar as notas de Negrão e Gouveia (2008, p. 1696-1697) sobre os artigos mencionados, a fim de se dar ligeira pincelada na posição hodierna da jurisprudência a respeito dos ocasionais pontos lacunosos das aludidas regras legais:

> Art. 11: 1a. Nas hipóteses do art. 11, ao contrário do que ocorre nas do art. 12, a sub-rogação dispensa comunicação escrita ao locador.
> Art. 12: 1a. É parte legítima para propor ação de consignação em pagamento o cônjuge que, após a separação judicial, permanece residindo no imóvel (STJ – *Bol. AASP* 2.078/825j).

Art. 12: 2a. A comunicação da sub-rogação da locação "serve apenas para que o locador venha a exigir nova garantia locatícia" (*JTA* 104/290, 3 votos a 2). "Na hipótese de separação de fato, separação judicial, divórcio ou dissolução da sociedade concubinária, o contrato de locação prorroga-se automaticamente, transferindo-se ao cônjuge que permanecer no imóvel todos os deveres e direitos relativos ao contrato. A comunicação por escrito sobre a sub-rogação visa, exclusivamente, a garantir ao locador o oferecimento de novo fiador ou nova garantia, não se podendo responsabilizar o ex-marido pelos débitos posteriores à separação judicial" (STJ – *RT* 794/220: 6ª T.). Nos termos do art. 12 da Lei 8.245/1991, a locação celebrada pelo companheiro prossegue, no caso de separação, em relação à companheira que permanece no imóvel. "Enquanto não for feita a comunicação ao locador e prestada nova garantia, não ocorrerá a sub-rogação legal da locação e o antigo fiador permanece responsável" (*JTA* 105/303, maioria). "A lei tem por obrigatório o formal aviso da sub-rogação, porque implica na alteração do sujeito passivo das obrigações locatícias e no direito do locador de, se entender necessário, exigir novo fiador ou depósito em caução" (*Bol. AASP* 1.687/supl., p. 3).
Entendendo que "havendo a substituição de um cônjuge pelo outro na relação *ex-locato*, esta subsiste, mas não a fiança" (*JTA* 75/194); contra, pela subsistência da fiança: JTA 105/312 (nesses dois casos, nada se argumentou quanto à comunicação da sub-rogação ao locador). Ainda contra, dando pela subsistência da fiança

mesmo quando da comunicação da sub-rogação ao locador: *RT* 830/264.

Quanto às demais obrigações locatícias: "como a lei fala que a locação prosseguirá automaticamente, é forçoso reconhecer que a sub-rogação opera-se de pleno direito, ou seja, independentemente de qualquer providência, dispensando a prática de qualquer ato jurídico. A data da saída do cônjuge fixa o momento da sub-rogação. Portanto, ocorrendo a separação, ao companheiro ou cônjuge que permanecer no imóvel são transferidos os direitos e deveres relativos ao contrato de aluguel, incluindo-se, por óbvio, a obrigação de pagar o aluguel e figurar como parte nas ações de despejo" (STJ – *RT* 759/186: 5ª T.). Todavia, mais recentemente: "Deve a sub-rogação ser comunicada por escrito ao locador, o qual poderá exigir, no prazo de trinta dias, a substituição do fiador ou o oferecimento de quaisquer das garantias previstas no referido diploma. Não ocorrendo tal comunicação ou prova, por outro meio idôneo – de inequívoco conhecimento por parte do locador –, de um dos supostos fáticos previstos no 'caput' de tal dispositivo, o vínculo locatício persistirá entre as partes originárias, tendo em vista os princípios que regem os contratos em geral" (STJ – 5ª T., REsp 540.669, Rel. Min. Arnaldo Lima, j. 19.4.2005, negaram provimento, v.u., *DJU* 6.6.2005, p. 362). Conforme o voto do relator, "o não cumprimento da exigência contida no parágrafo único, seja pelo locatário que saiu do imóvel ou pelo que ali permaneceu, não exonera o primeiro das obrigações contratuais assumidas com o locador, sobretudo de sua responsabilidade pelo adimplemento dos aluguéis, mesmo tendo direito, em tese, de cobrá-los, regressivamente, daquele que ali permaneceu, o que, no entanto, é outra matéria."

A 3ª Turma do STJ, que não mais tem competência para julgar a matéria, tinha opinião intermediária a respeito: "Materialmente, ocorre a sub-rogação desde que ocorrida a extinção da sociedade conjugal do locatário; prossegue a locação com o cônjuge que continuar residindo no imóvel (pessoa diversa da que contratou a locação). Formalmente, no entanto, a sub-rogação depende de comunicação ao locador, para sua ampla garantia" (*RSTJ* 22/242).

Art. 12: 2a. "A omissão em comunicar ao locador a sub-rogação prevista no art. 12 da Lei 8.245/1991 não caracteriza infração de obrigação legal capaz de ensejar a rescisão do contrato locatício, atingindo tão somente a eficácia da sub-rogação, e não a validade do negócio jurídico" (STJ – 5ª T., REsp 67.436-SP, Rel. Min. Edson Vidigal, j. 23.9.1997, negaram provimento, v.u., *DJU* 27.10.1997, p. 54825).

Seguro de Vida Instituído por Cônjuge à Concubina

Antes de se ingressar no assunto objeto do título acima, deve-se abordar, desde logo, aspecto de suma importância para se determinar se há validade ou não do seguro instituído por cônjuge à concubina ou concubino.

É primordial que se saiba se, na época da celebração do seguro, o cônjuge se achava separado de fato ou judicialmente ou se se encontrava em companhia da mulher ou marido.

O Código Civil antigo era expresso ao determinar a proibição, no caso de o seguro ter sido feito na época em que o cônjuge vivia em companhia de sua esposa legítima.

De fato, o art. 1.474 do Código Civil revogado estabelecia que "Não se pode instituir beneficiário pessoa que for legalmente inibida de receber a doação do segurado" (BRASIL, 1916, não paginado). E o art. 1.177 daquele mesmo diploma legal preceituava que

> A doação do cônjuge adúltero ao seu cúmplice pode ser anulada pelo outro cônjuge, ou por seus herdeiros necessários, até dois anos depois de dissolvida a sociedade conjugal (art. 178, § 7º, nº VI e 248, nº IV). (BRASIL, 1916, não paginado).

Já o art. 248, inc. IV, do antigo estatuto civil, segundo a redação que lhe dera a Lei 4.121, de 27 de agosto de 1962, preconizava: "A mulher casada pode livremente: [...] IV – reivindicar os bens comuns, móveis ou imóveis, doados ou transferidos pelo marido à concubina (art. 1.177)." (BRASIL, 1916, não paginado).

Da conjugação sistemática dos dispositivos citados inferia-se, pois, que o seguro de vida não podia instituir beneficiária a concubina de cônjuge adúltero.

O art. 231 do aludido Código dispunha sobre as finalidades básicas do casamento bem como sobre os poderes jurídicos, faculdades e deveres dele decorrentes. Nesse artigo eram mencionados, nos seus quatro incisos, os componentes dinâmicos, fáticos e vivenciais da sociedade conjugal. Eram eles: fidelidade recíproca, vida em comum no domicílio conjugal, mútua assistência e sustento, guarda e educação dos filhos (BRASIL, 1916).

O art. 1.566 do atual Código Civil, que se ocupa da mesma matéria, acrescentou, no inc. V, mais um dever para ambos os cônjuges, além daqueles enumerados no citado art. 231, qual seja, o de "respeito e consideração mútuos" (BRASIL, 2017, p. 240).

A quebra da fidelidade constituía, e ainda constitui, adultério. Segundo o conceito de alguns juristas, adultério é termo jurídico sem definição legal, mas deixado à construção doutrinária jurisprudencial, sujeitando-se, pois, ao influxo da evolução dos costumes.

Embora a proibição de a pessoa casada instituir beneficiária de seguro a sua concubina partisse de consideração do cometimento de adultério, a causa mais adequada radicava em dois fatores primordiais. O primeiro era de natureza ética, e consistia na preservação da incolumidade da família legítima, representada pelo casamento assentado na sociedade conjugal, condição vivenciadora da existência a dois dos cônjuges. O segundo fator estava ligado à natureza econômica, e referia-se à preservação do patrimônio familiar, conjunto de interesses patrimoniais postos a serviço da necessidade da família. Ambos os aspectos tinham relevo dentro da valorização sociojurídica-econômica da família legítima, reconhecida como sustentação moral do mundo social maior, vista num conjunto amplo.

A liberalidade do cônjuge adúltero à parceira cúmplice representava afronta e injúria à instituição familiar como um todo, perturbando a economia orgânica do casamento.

O Tribunal de Justiça de São Paulo, em acórdão proferido na apelação nº 95.729 de 8 de julho de 1960, publicado na *Revista dos Tribunais*, decidira:

> Concubina – Seguro instituído em seu benefício pelo amásio – Nulidade – Direito da esposa

legítima – Inteligência dos arts. 1.474 e 1.177 do Código Civil – Apelação provida – Embargos rejeitados. A concubina não pode beneficiar-se do seguro instituído a seu favor em detrimento da família legalmente constituída (SÃO PAULO, 1961, p. 176).

Apesar de o Tribunal ter reconhecido a vedação legal, por ato nulo, entendeu, como já se disse anteriormente, que se tratava de caso de anulabilidade. Primeiro, porque só a esposa e herdeiros necessários tinham legitimidade para arguir a invalidade. E, segundo, porque não podia ser decretada a nulidade *ex officio* pelo juiz.

O Tribunal de Justiça do Rio Grande do Sul, na apelação cível nº 27.492, acórdão de 19 de julho de 1977, inserto na *Revista de Jurisprudência do TJRGS*, afirmara, sobre o assunto, o seguinte:

> Concubina. Seguro de vida. É anulável a instituição da sua concubina como beneficiária do seguro de vida, feita por homem casado, segundo se depreende da interpretação dos arts. 1.177 e 1.474 do Código Civil (RIO GRANDE DO SUL, 1978, p. 260).

Por outro lado, em hipótese diversa, quando o cônjuge achava-se separado de fato de sua esposa legítima, a jurisprudência anterior à Constituição de 1988 já entendia que a companheira poderia ser beneficiária do seguro.

Com efeito, ao separarem-se de fato, os cônjuges fazem cessar a vida em comum. A comunhão de vida, condição real para a permuta de tudo aquilo que o casamento supõe: intercâmbio de afetos, consolidação do amparo moral e material, esforços comuns em prol dos interesses morais e patrimoniais da família, cuidados e desvelos recíprocos na busca da felicidade humana, assistência presente diuturna quanto aos filhos, cessa ou fica prejudicada.

Mesmo na concepção romana do casamento, que até hoje em dia não há como ser desprezada, o matrimônio só se realizava em seu conteúdo existencial se os cônjuges estivessem vivendo juntos e praticassem as virtudes que a união podia conferir-lhes, donde se conclui que viver no casamento é conviver no casamento.

Foi exatamente para esquematizar os efeitos dessa situação, em face da proibição contida nos arts. 1.474 e 1.719, III, do Código Civil de 1916, que a nova linguagem jurídica passou a fixar perfeita distinção entre concubina e companheira.

Como já mencionado no Capítulo IV deste estudo, a companheira, para fins do contrato de seguro, era a pessoa mantida pela vítima do sinistro, dependente do beneficiário, que vivia às expensas do segurado e convivia com ele, sempre admitida aí a chamada, na época, concubina, no sentido honesto e respeitável.

O Código pretérito (1916), promulgado em tempos em que mais rígidos se mostravam os sentimentos de moralidade, ao mencionar a figura da concubina, referia-se ao concubinato desonesto. Destarte, companheira era sempre a concubina; mas a concubina, conforme se disse alhures, nem sempre era a companheira.

Nesse sentido, o Tribunal de Justiça do Rio de Janeiro, decidiu, em 17 de abril de 1969, na apelação nº 18.939:

> Concubina – Beneficiária do Seguro. Alvará para recebê-lo. Deferimento. Recurso provido. Não resta nenhuma dúvida de que o art. 1.474 do Código Civil não permite a instituição de concubina como beneficiária de seguro de vida.

Entretanto, a jurisprudência tem caminhado no sentido de distinguir concubina de companheira, assegurando a esta a validade da cláusula que a institui beneficiária do seguro de vida (RIO DE JANEIRO, 1969, p. 351).

O Tribunal de Justiça do Rio Grande do Sul, nos Embargos Infringentes nº 29.953, de 15 de dezembro de 1978, assim ementou o acórdão prolatado no feito:

> Seguro de Vida. Incapacidade do Beneficiário. Cúmplice de Adultério (arts. 1.474 e 1.177 do Código Civil). Separação de Fato. Inocorrência da Proibição. Rompido o casamento pela cessação da comunhão de vida, a separação de fato inviabiliza implemento da condição legal de existência de adultério, não havendo, em consequência, vedação de indicar-se a concubina ou aquela a que se tenha carnal afeição, como beneficiária do seguro de vida. A separação independe de tempo, pode evidenciar-se pela definitividade decorrente do acordo no rompimento irrecuperável, na expressão da vontade reiterada e firme, na significação de sentimentos profundos e invioláveis (RIO GRANDE DO SUL, 1979, p. 140).

O Supremo Tribunal Federal, quando ainda apreciava matéria infraconstitucional, no R.E. nº 83.930, de 10 de maio de 1977, ratificou julgamentos anteriores com o seguinte aresto:

> I – Código Civil, arts. 1.177 e 1.474;
> II – Seguro de Vida. Caso em que o instituidor é homem casado que se afastou do lar conjugal

e a beneficiária é a mulher solteira com a qual ele conviveu, durante muitos anos, *more uxorio*, até o falecimento. Distinção entre concubina e companheira para o efeito de afastar a incidência do sobredito art. 1.474. Interpretação teleológica dessa regra para lhe fixar o sentido que permite a distinção. Precedentes do STF [...] (BRASIL, 1977b, p. 930).

O Relator, Ministro Antonio Neder, na interpretação da lei, lavrou o seu voto dizendo:

> Sem dúvida o acórdão local, seguindo a sentença, diferenciou, em ambas essas regras, a proibição de o cônjuge adúltero favorecer a sua concubina e a permissão de o cônjuge adúltero amparar a companheira.
> Um intérprete rigorista poderá vislumbrar a diferença.
> Todavia, em jurídica linguagem é de admitir a diferenciação, porque, na verdade, o cônjuge adúltero pode manter convívio no lar com a pessoa e, fora, ter encontros amorosos com outra mulher, como pode também separar-se de fato da esposa, ou desfazer desse modo a sociedade conjugal, para conviver *more uxorio* com a outra.
> Na primeira hipótese, o que configura é um concubinato segundo o seu conceito moderno, e, obviamente, a mulher é **concubina**; precisando melhor a diferença, é de se reconhecer que, no primeiro caso, o homem tem duas mulheres, a legítima e a outra; no segundo, ele convive apenas com a companheira; porque se afastou da mulher legítima, rompeu de fato a vida con-

jugal. Estabelecendo tal distinção ao interpretar pelo método teleológico as duas questionadas regras, o acórdão recorrido não as contratou, porquanto se restringiu a salientar o sentido, a vontade que uma e outra contêm.

Sim, porque os arts. 1.177 e 1.474 do Código Civil protegeram a família juridicamente constituída e subsistente, e não a que, na realidade, se acha desfeita.

No ponto, é de afirmar-se que a vida é mais poderosa do que as ortodoxas jurídicas.

Tanto assim é que a legislação previdenciária permite que a **companheira** receba qualquer benefício nela previsto.

E o Anteprojeto do Código Civil (Ministério da Justiça, 2ª ed. revisada) repetiu, no seu art. 537, o texto supracitado do art. 1.177, mas, no tocante à matéria do sobredito art. 1.474, seus autores seguiram a orientação da jurisprudência hoje dominante no Brasil, pois escreveram assim o seu art. 809:

É válida a instituição do concubino como beneficiário se, ao tempo do contrato, o segurado era desquitado ou já se encontrava separado-de fato do seu cônjuge há mais de cinco anos. Confirmo que no texto está escrito **concubino** (BRASIL, 1977b, p. 933-934, grifo do autor).

O texto está confirmando o que foi mencionado acima, que a companheira é sempre a concubina, mas a concubina nem sempre é a companheira.

Era importante os Tribunais saberem também, para correta administração da justiça, se a separação de fato teria sido causada pela esposa legítima. Se fosse confirmada tal hipótese, nada mais justo do que reconhecer a validade do seguro em favor da companheira, porquanto não haveria mais o dever da fidelidade, desfigurando-se, assim, totalmente, a situação de concubinato, razão pela qual não deveria ter incidência a norma vedativa.

Hodiernamente, contudo, a questão encontra-se superada pelo comando do art. 793 do atual Código Civil, que permite, literalmente, a instituição do companheiro como beneficiário do seguro, deixando claro, no entanto, que jamais haverá benefício ao concubino adulterino.

Veja-se, destarte, o teor do aludido art. 793, como se viu, sem correspondência no Código de 1916:

> Art. 793. É válida a instituição do companheiro como beneficiário, se ao tempo do contrato o segurado era separado judicialmente, ou já se encontra separado de fato (BRASIL, 2017, p. 184).

Não há dúvida, diante da nitidez da nova regra transcrita, que acolheu a melhor jurisprudência preexistente, de que só não se concederá o benefício ao concubino adúltero. Os fundamentos para adoção, pelo Código atual, da norma citada, apoiam-se nas mesmas razões expostas nos julgados referidos acima.

Convém, neste passo, destacar interessante aresto da 4ª Turma do Superior Tribunal de Justiça, de 21 de setembro de 2004, em que se reconheceu existência de sociedade de fato, entendendo-se pelo cabimento da partilha do patrimônio comum, pelo respeito da opção do segurado em relação ao beneficiário, no que tange ao seguro de vida, e determinando-se o rateio da pensão previdenciária entre companheira e ex-esposa:

RECURSO ESPECIAL – MATÉRIA CONSTITUCIONAL – ALÍNEA DO PERMISSIVO CONSTITUCIONAL NÃO INDICADA – NÃO CONHECIMENTO – SOCIEDADE DE FATO – PATRIMÔNIO COMUM – PARTILHA – COMPANHEIRO CASADO – COMUNHÃO UNIVERSAL – SEPARAÇÃO DE FATO – SEGURO DE VIDA – BENEFICIÁRIO – LIVRE NOMEAÇÃO – PENSÃO PREVIDENCIÁRIA – RATEIO ENTRE CÔNJUGE E COMPANHEIRA – RECURSO PARCIALMENTE PROVIDO.
[...]
3. Reconhecida a sociedade de fato e havendo contribuição, direta ou indireta, para a formação do patrimônio comum, cabível a partilha do mesmo, não afetada pelo regime de comunhão universal de bens adotado no casamento de um dos companheiros, estando o mesmo separado de fato. Precedentes.
4. Com relação ao seguro de vida, a apólice tem como beneficiária a cônjuge do *de cujus* e, tratando-se de um contrato no qual o segurado tem plena liberdade de escolha quanto ao beneficiário do prêmio, deve referida opção ser observada.
5. Correto o rateio da pensão previdenciária entre recorrente e viúva, fixando-se percentual análogo (50%) a ambas, sendo incabível a manutenção dos 30% estabelecidos por ocasião de revisão da pensão alimentícia percebida pela cônjuge. [...] (BRASIL, 2004b, p. 1).

Leiam-se, agora, duas decisões do Tribunal de Justiça do Rio Grande do Sul. Uma negando cobertura de seguro de vida à companheira beneficiária porque o segurado era casado, e a outra concedendo o benefício à companheira porquanto o segurado era separado:

> SEGURO DE VIDA. DOENÇA PREEXISTENTE. NEGATIVA DE COBERTURA. BENEFICIÁRIA. COMPANHEIRA. Não obstante a autora tenha sido indicada como beneficiária do seguro de vida, na condição de companheira do segurado, não tem direito à indenização por sua morte, pois o mesmo era casado. Assim, fazendo incidir o disposto no art. 793 do CC de 2002. Outrossim, restando suficientemente demonstrado, pela prova documental, que o segurado já era portador de doença que o levou ao óbito, omitindo tal circunstância quando da contratação, justificada se mostra a recusa da seguradora, ao pagamento da indenização perseguida. Apelação desprovida (RIO GRANDE DO SUL, 2008, não paginado).

> CIVIL. SEGUROS. INDICAÇÃO DA COMPANHEIRA COMO BENEFICIÁRIA. POSSIBILIDADE. 1. Nos termos do art. 793 do Código Civil de 2002, é lícito ao segurado casado, desde que separado, judicialmente ou de fato, instituir como beneficiária de seguro de vida a companheira. 2. Provimento em parte ao apelo de Nilza Terezinha Gonçalves Silveira e desprovimento do apelo de Bradesco Auto/RE Companhia de Seguros (RIO GRANDE DO SUL, 2007, não paginado).

Efetivamente, não há a mais mínima dúvida quanto à possibilidade da instituição do(a) companheiro(a) como beneficiário(a) de seguro de pessoa, desde que não haja, logicamente, concubinato adulterino.

Indenização por Ato Ilícito Praticado por Terceiro

Antes do advento da Constituição de 1988 e do Código Civil de 2002, a concubina, não adúltera, já era parte legítima para promover ação de indenização contra terceiro, causador da morte do companheiro, desde que comprovada a dependência econômica criada pela vida em comum.

A indenização por morte daquele que sustentava o dependente tem caráter alimentar. É o que estava previsto no art. 1.537, inc. II, do Código Civil de 1916. É o que está previsto, igualmente, com um pouco mais de especificidade, no art. 948, II, do Código Civil em vigor (BRASIL, 1916, 2017).

Naquele dispositivo anterior, o legislador adotara, como pressuposto, mais a dependência econômica do que o parentesco, razão pela qual a concubina foi incluída na qualidade de credora da obrigação por ato ilícito. Nesse sentido, o Tribunal de Justiça de Minas Gerais, conforme *Ementário Forense*, decidiu:

> Responsabilidade Civil – Concubina da vítima – Direito à indenização – Todo aquele que se vir privado da prestação de assistência material fruto de dever legal, contratual ou moral, pela morte ou incapacidade da vítima do ato ilícito, tem direito de exigir indenização do terceiro responsável pela reparação do dano. E o dever, repetimos, tanto pode ser legal como um dever contratual ou um dever moral. A jurisprudência atual tem-se orientado no sentido de que à concubina assiste direito à indenização por morte do amásio (MINAS GERAIS, 1962, p. 320).

Assim também era o entendimento do Tribunal de Justiça de São Paulo:

> Concubina – Direito de pleitear indenização por morte do companheiro motivada por ato ilícito – Ação procedente – Apelação não provida. O fato de ser a autora concubina da vítima não a impede de demandar indenização pela morte desastrosa do companheiro do qual dependia economicamente (SÃO PAULO, 1968, p. 214).

Por força dos mesmos fundamentos, deu-se o deferimento à concubina de receber o seguro obrigatório de veículo por morte do companheiro. Como se vê abaixo:

> Seguro Obrigatório – Atropelamento fatal – Ação movida pela concubina da vítima – Procedência contra a seguradora – Apelação não provida – Correção monetária e juros. A legislação previdenciária admite a companheira como beneficiária da pensão. Por isso mesmo pode reclamar seguro obrigatório, nos termos da Resolução nº 11, de 1966, item 7.2 (SÃO PAULO, 1974c, p. 64).

O mesmo Tribunal, firmando a preferência da companheira sobre os herdeiros, para fins de recebimento do seguro obrigatório, assim decidiu:

> Seguro Obrigatório – Preferência da companheira sobre os herdeiros do *de cujus*. A companheira que conviveu durante mais de cinco anos com o *de cujus*, equiparada, portanto, à esposa pela Lei Previdenciária, tem, nos termos do art. 4º e seu parágrafo único, da Lei nº

6.194, de 1974, preferência sobre os herdeiros no direito à indenização do seguro obrigatório de veículos, por morte em acidente de trânsito (SÃO PAULO, 1980, p. 55).

Se já era assim, antes da vigência da nova Carta Política, do atual Código Civil e das leis correlatas contemporâneas sobre a matéria hoje em dia, então, não resta a menor dúvida quanto ao direito da companheira, não adúltera, de receber indenização por ato ilícito praticado por terceiro.

Proteção à Concubina na Lei de Acidente de Trabalho

O pioneiro Decreto nº 3.724, de 15 de janeiro de 1919, modificado pelo Decreto nº 13.493, de 5 de março de 1919, e, finalmente, regulamentado pelo Decreto nº 13.498, de 12 de março de 1919, constituiu a primeira lei brasileira a favor do trabalhador acidentado, e dispunha em seu art. 18º, § 3º, o seguinte:

> Na falta de cônjuge, ou estando este divorciado por culpa sua ou voluntariamente separado, e não havendo herdeiros necessários, si a víctima deixar pessoas a cuja subsistência provesse, a essas pessoas deverá ser paga a indemnização, reduzida nesse caso à somma igual ao salário de um anno (BRASIL, 1919, não paginado).

Abra-se, agora, breve parêntese, apenas para assinalar a curiosidade de que o Decreto de 1919, posterior, portanto, ao Código Civil de 1916, fala em divórcio, obviamente em *lato sensu*, que só veio a ser promulgado no Brasil, quase 60 anos depois, pela Emenda

Constitucional nº 9, de 28 de junho de 1977 e regulado pela Lei nº 6.515, de 26 de dezembro de 1977. Antes da Lei do Divórcio, a Lei nº 968, de 10 de dezembro de 1949, estabelecia a fase preliminar de conciliação ou acordo nas causas de **desquite litigioso** ou de alimentos, inclusive os provisórios, e dava outras providências. Feche-se aqui o ligeiro parêntese referido.

Depois que aquele decreto de 1919 entrou em vigor, a jurisprudência passou a reconhecer que a indenização poderia ser paga à concubina, estendendo-a, assim, para abranger pessoa a quem a vítima prouvesse a subsistência.

Posteriormente, o Decreto nº 24.637, de 10 de julho de 1934, em seu art. 20, § 4º, equiparou à esposa a companheira mantida pela vítima desde que houvesse sido declarada na carteira profissional (BRASIL, 1934, não paginado).

Já a Lei de Acidentes de Trabalho constituída pelo Decreto-Lei nº 7.036, de 10 de novembro de 1944, regulamentado pelo Decreto nº 18.809, de 5 de maio de 1945, que caracterizou grande marco da legislação infortunística, tendo vigorado por mais de trinta anos, disciplinou em seu art. 21 as bases da indenização por morte, estendendo, no parágrafo único, os mesmos benefícios do cônjuge legítimo, caso este não estivesse vivo ou não tivesse direito ao benefício, à companheira mantida pela vítima, uma vez que houvesse sido declarada como beneficiária em vida do acidentado, na carteira profissional, no registro de empregados, ou por qualquer outro ato solene de manifestação de vontade.

O art. 11 dessa mesma lei de 1944 enumerou os beneficiários do acidentado na ordem adiante indicada:

> a) a espôsa, mesmo desquitada ou separada, desde que não seja por vontade, ou culpa sua,

ou o espôso inválido, em concorrência com os filhos de qualquer condição, se menores de 18 anos ou inválidos, e as filhas solteiras de qualquer condição ou idade;
b) a mãe e o pai inválido, quando viverem sob a dependência econômica da vítima, na falta de filho ou de espôsa;
c) qualquer pessoa que viva sob a dependência econômica do acidentado, no caso de não existirem beneficiários na alínea "a", desde que, se fôr do sexo masculino seja menor de 18 anos ou inválido e, qualquer que seja o sexo, tenha sido indicada expressamente, em vida do acidentado, na carteira profissional, no livro de registro do empregado, ou por qualquer outro ato solene de vontade.
Parágrafo único. Para terem direito à indenização, as filhas maiores devem viver sob a dependência econômica do acidentado (BRASIL, 1944, não paginado).

A jurisprudência foi a responsável pelo avanço da política de amparo à companheira honesta e estável, tornando-a equiparável à esposa legítima, quando esta desmerecesse o benefício, ou quando solteiro fosse o acidentado.

Como se viu, o seguro em favor da concubina naquela Lei de Acidente de Trabalho dependia dos mesmos fatores, já analisados em pontos anteriores, em relação aos outros tipos de indenização. Para ilustrar o tema, citem-se alguns julgados nesse aspecto:

Acidente de Trabalho – Direito da Companheira da vítima. Em ação de acidente de trabalho, a companheira da vítima que comprova satisfa-

toriamente sua situação, deve ser considerada beneficiária, embora inscrita como tal fosse a mãe do acidentado, se essa inscrição ocorreu antes do surgimento da ligação marital. [...]
Acidente de Trabalho – Direito da concubina aos benefícios do seguro. Ainda que não conste da Carteira Profissional do trabalhador acidentado, nem do livro de registro do empregador, o nome da concubina, mas provado de qualquer modo que esta com ele conviveu, como companheira, e dele teve filhos, é de se lhe concederem os benefícios do seguro (BRASIL, 1972, v. 3, p. 25).

Convém aqui, por oportuno e por comodidade, repetir parte dos esclarecimentos transcritos anteriormente neste trabalho, no capítulo V (Concubinato Adulterino), seção intitulada "O caráter delitual das relações adulterinas", do eminente advogado Costa (2008, não paginado), especialista na matéria, a respeito da evolução da legislação acidentária:

> Mas, por paradoxal que pareça, embora o Decreto-Lei 7.036/44 estivesse cumprindo satisfatoriamente o seu papel na proteção do trabalhador acidentado, eis que, a partir de então, passou-se a cogitar que o seguro acidentário deveria sair da iniciativa privada e ser estatizado e, nessa direção, surgiram várias legislações que serviram para desfigurar inteiramente as normas do infortúnio laboral.
> A Lei nº 6.367, de 19.10.1976, embora reconhecendo a estatização do seguro por acidentes do trabalho, foi a última legislação específica no tocante à matéria, eis que todas as normas jurídicas que vieram posteriormente a discipli-

> nar o infortúnio laboral passaram a integrar a lei de benefícios da Previdência Social.
> Portanto, desde a edição da Lei nº 8.213, de 24.06.1991, dispondo sobre Planos de Benefícios da Previdência Social, não se tem no Brasil uma legislação apenas voltada para os acidentes do trabalho, mas sim uma miscelânea de normas previdenciárias em sentido estrito e de infortunística laborativa, em um só estatuto, sem a existência de um capítulo ou título especial e exclusivo para esta última.
> Cabe ao intérprete buscar aqui e ali, dentro da legislação previdenciária, o que se adapta ou não ao infortúnio do trabalho, o que, decididamente, não é bom.
> As normas acidentárias do trabalho, na esteira da tradição que ficou sedimentada em nossa legislação especial duramente conquistada, foram desfiguradas ao longo da estatização dessa modalidade de seguro [...]

Como se vê, antes mesmo do advento da nova Constituição, do Código Civil atual e das leis contemporâneas correlatas sobre a matéria, já havia convicta preocupação de se amparar a acompanhante do trabalhador acidentado. Assim, hoje em dia, diante das inequívocas normas aludidas neste estudo, não existe mais a menor controvérsia quanto ao direito da concubina, não adúltera, de receber os benefícios do seguro por acidente de trabalho.

A Concubina e os Benefícios Previdenciários

O Decreto nº 77.077, de 24 de janeiro de 1976, passou a permitir que a companheira fosse admitida como dependente econômica para todos os fins de direito.

No art. 13, inc. I, do aludido diploma, abria-se o permissivo com a regência de a companheira estar sendo mantida há mais de cinco anos, o que foi repetido no art. 14 (BRASIL, 1976).

A concubina poderia, também, ser incluída como dependente econômica, e, assim, fazer jus à indenização, mesmo que existisse a esposa legítima, desde que não estivesse percebendo alimentos, ou seja, que não estivesse dependendo economicamente do seu ex-cônjuge.

É importante também destacar a hipótese de que mesmo que a concubina, ou a companheira, não tivesse sido regularmente inscrita como dependente, teria direito aos benefícios, desde que comprovada a situação fática do concubinato, sendo dispensável a demonstração da existência de filho advindo da união, na forma do art. 14, § 2º, do mesmo decreto.

A jurisprudência agasalhava essa legitimidade conforme demonstram alguns julgados da década de 1970, a seguir referidos:

> Previdência Social – Pensão – Direito da Concubina. Tem direito à pensão previdenciária em virtude do falecimento do companheiro, nos termos da Lei nº 5.890, de 1973, e do Decreto nº 72.771, também de 1973, a concubina que viveu maritalmente com o segurado e dele teve filho, embora não designada como sua beneficiária. Tratando-se de benefícios de natureza social, evidente que a lei nova retroage para beneficiar a dita companheira, pois inexiste, no caso, direito adquirido a ser protegido (BRASIL, 1977c, p. 60).

> Previdência Social – Pensão – Companheira. A existência de conta-corrente em nome do ex-se-

gurado e de sua companheira supre a falta de designação da mesma, para os fins previdenciários, por constituir manifestação inequívoca da vontade do instituidor da pensão em amparar a companheira de longos anos (BRASIL, 1974a, p. 237).

Os Tribunais, na época, já entendiam que, quando o segurado tinha filhos, e nada tinha sido manifestado por ele de modo contrário, a concubina concorria com aqueles em rateio. O acórdão abaixo citado evidencia tal entendimento:

> Previdência Social – Pensão – Companheira – Rateio com filhos. Os filhos em comum elidem a exigência de designação da companheira. Esta, salvo manifestação expressa do segurado, sempre concorrerá com os filhos menores, no rateio da pensão (BRASIL, 1974b, p. 749).

A companheira, já naquele tempo, podia disputar com a mulher legítima do segurado, inclusive sobre ela tendo preferência, se houvesse separação de fato. Entretanto, se a mulher se separasse judicialmente do cônjuge, o direito da companheira, logicamente, ficaria mais garantido. Nesse sentido, leiam-se as decisões:

> Previdência Social – Pensão – Ação proposta pela concubina – Integração da lide pela esposa do segurado. Tendo a esposa do segurado pleiteado pensão junto ao INPS, não cabe o julgamento da demanda proposta pela concubina sem o chamamento daquela a integrar a lide, como litisconsorte passiva (BRASIL, 1977d, p. 109).

Previdência Social – Pensão – Cônjuge desquitado com direito a alimentos – Concorrência com a companheira do segurado. Se a companheira detinha a expressa condição de "pessoa designada" à época do óbito do segurado, não cabe, para os efeitos da pensão, ser afastada pelo cônjuge desquitado com direito a alimentos, que não pode ser tido como enquadrado da enumeração do art. 11, do LOPS, na redação introduzida pelo Decreto-Lei nº 66, de 1966. Todavia, da pensão previdenciária assegurada à companheira, deve ser deduzido o valor da pensão alimentícia judicialmente arbitrada, em favor do cônjuge desquitado, com os reajustes previstos na lei (BRASIL, 1977e, p. 157).

Previdência Social – Pensão – Exclusão da esposa do segurado – Direito da companheira e suas filhas. Deve ser excluída do benefício previdenciário a esposa que não tivera vida em comum com o marido e se encontra em lugar ignorado, não tendo atendido à citação por edital. Deve ser paga a pensão à companheira, que vivia com o segurado durante trinta anos, como sua dependente econômica e com quem tivera duas filhas, cujo nascimento ele declara no registro civil (BRASIL, 1977f, p. 285).

Previdência Social – Pensão – Perda do direito da esposa em favor da companheira. Não pode recorrer à pensão do IPSE em detrimento da companheira, a esposa que abandonou o lar por vinte anos, deixando com aquela os cuidados do marido até o falecimento e a criação e a educação dos filhos do casal (BRASIL, 1974c, p. 237).

Agora, por toda a jurisprudência hodierna, citem-se dois interessantes arestos do Supremo Tribunal Federal, ambos da lavra do Ministro Marco Aurélio: de 3 de junho de 2008 (citado primeiro abaixo) e de 4 de fevereiro de 1994, que traçam objetivos limites da diferença entre união estável, concubinato, separação de fato e judicial aplicáveis às hipóteses concretas apreciadas, em meio a pertinentes considerações a respeito do assunto:

> COMPANHEIRA E CONCUBINA. DISTINÇÃO. Sendo o Direito uma verdadeira ciência, impossível é confundir institutos, expressões e vocábulos, sob pena de prevalecer a babel.
> UNIÃO ESTÁVEL. PROTEÇÃO DO ESTADO. A proteção do Estado à união alcança apenas as situações legítimas e nestas não está incluído o concubinato. PENSÃO. SERVIDOR PÚBLICO. MULHER. CONCUBINA. DIREITO. A titularidade da pensão decorrente do falecimento do servidor público pressupõe vínculo agasalhado pelo ordenamento jurídico, mostrando-se impróprio o implemento de divisão a beneficiar, em detrimento da família, a concubina (BRASIL, 2008b, p. 611).

> PRINCÍPIO DA LEGALIDADE. VIOLÊNCIA. CONFIGURAÇÃO. PENSÃO. EX-CONTRIBUINTE CASADO. DIREITO DA CONCUBINA. LEI COMPLEMENTAR Nº 500/87–SP. Não é crível que órgão investido do ofício judicante admita a existência de diploma legal dispondo em determinado sentido e decidido de forma diametralmente oposta. Os provimentos judiciais são formalizados a partir de interpretação da lei regedora da espécie. Isto ocorre quando o acór-

dão proferido revela a análise de situação concreta em que o ex-contribuinte estava separado de fato e vivendo em concubinato há mais de vinte anos, resultando no reconhecimento, com base em legislação local – Lei Complementar nº 500/87–SP, do direito da concubina a pensão, posto que contemplada como beneficiária obrigatória de contribuinte solteiro, viúvo, separado judicialmente ou divorciado. A referência ao terceiro *status* encontra justificativa socialmente aceitável não em simples apego à forma, mas na necessidade de serem afastadas situações ambíguas, o que não se configura quando a convivência decorrente do casamento haja cessado há duas décadas, momento em que teve início o concubinato (BRASIL, 1994b, p. 508).

Note-se, na recente decisão de 2008, a ênfase dada à proteção do Estado à união estável, como entidade familiar, tal qual reconhecida no art. 226, § 3º, da Carta Política, e o desfavorecimento do concubinato, no seu conceito contemporâneo, definido no art. 1.727 do Código Civil de 2002, em relação à família, com a clara identificação do desequilíbrio e da desigualdade entre ambos os relacionamentos tratados no julgado.

Já no acórdão de 1994, posterior à Constituição de 1988, mas anterior às Leis nº 8.971, de 29 de dezembro de 1994 e nº 9.278, de 10 de maio de 1996, reguladoras da união estável, e ao Código Civil de 2002, privilegiou-se o concubinato, em detrimento da esposa, por força dos longos anos de separação de fato, censurando-se o exagerado apego à forma, frente às expressões "separação judicial" e "separação de fato".

Cumpre observar, ademais, que a já mencionada Lei nº 8.213, de 24 de julho de 1991, que dispõe sobre os

Planos de Benefícios da Previdência Social, e disciplina, inclusive, os acidentes do trabalho, vem sofrendo inúmeras modificações, principalmente através de Medidas Provisórias.

Concubinato e Alimentos

Basicamente, fora o caso de alimentos por força de testamento, previsto pelo art. 1.687 do Código Civil de 1916 (atualmente art. 1.920 do Código de 2002, sem qualquer alteração), a relação direito-dever alimentar decorria do parentesco e do casamento. O caso de alimentos impostos para reparação de ato ilícito é mais uma indenização em que o autor do ato se coloca no lugar daquele que devia alimentos aos que deles necessitavam.

No âmbito do Direito Civil, não existia, antes da Carta Política de 1988, qualquer dispositivo que consagrasse a obrigatoriedade de o concubino, findo o concubinato, pensionar o outro, tal como sucedia no casamento.

O ilustre e saudoso Senador Nelson Carneiro, quando da elaboração da Lei nº 5.478, de 25 de julho de 1968, tentou, sem êxito, incluir a companheira abandonada pelo companheiro como beneficiária de alimentos. Pela Emenda nº 21, ao final rejeitada, pretendia o combativo parlamentar inserir na dita lei o seguinte dispositivo:

> Companheira do solteiro, desquitado ou viúvo, que com ele viva há mais de cinco anos, ou dele tenha prole, poderá valer-se do disposto nesta Lei, desde que prove preliminarmente a dependência econômica (CARNEIRO, 1969, p. 187).

Na justificação da emenda assim se expressou seu autor:

> As uniões irregulares enredavam, em 1960, mais de seis (6) milhões de pessoas, a legislação e a jurisprudência vêm assistindo a companheira, que não se confunde com a amásia do homem casado. A assistência à mulher, depois de longos anos de convivência, constitui medida de amparo legal social, que não se confunde com divórcio, que é dissolução de vínculo matrimonial. A lei não pode ficar aquém da realidade. A emenda é cautelosa e exige prova preliminar (e não simples afirmação) de dependência econômica. Acresce que esta é uma lei que visa a amparar as famílias pobres, que nem sempre – por motivos diversos, alguns respeitáveis – se constituem através do casamento civil (CARNEIRO, 1969, p. 187).

Merece ser ressaltado que, para essa iniciativa, o Senador obteve, inclusive, a concordância de seu maior e mais brilhante adversário na luta pela reforma de legislação social e da família no Brasil, especialmente pelo divórcio, o saudoso Deputado Monsenhor Arruda Câmara.

Alguns autores da época entendiam que o problema era bastante complexo porque punha em jogo, de um lado, as injustiças em que se fixava a mulher que dedicava seus melhores anos na companhia *more uxorio* de um homem, para depois, sem justo motivo, ser abandonada na rua da amargura, quando não houvesse patrimônio formado durante a união, e, de outro lado, a preservação da família instituída pelo casamento.

Entretanto, com o nítido caráter alimentar a ser imposto coercitivamente ao concubino, pelo fato de ele ter abandonado a companheira, o estágio de desenvolvimento do ordenamento jurídico pátrio da época não admitia esse direito.

A jurisprudência pronunciava-se no sentido de **não** reconhecer o direito da concubina de obter alimentos:

> Concubinato. Alimentos e Divisão do Patrimônio. Direitos Inexistentes. Sendo um estado de fato, o concubinato não confere direitos a alimentos e nem justifica a participação em bens adquiridos durante o concubinato se em nada concorreu a pretendente para essa aquisição (RIO DE JANEIRO, 1979, p. 371).

Com o advento da Constituição de 1988, consoante já aludido, pretendeu-se dar proteção às famílias de fato ou naturais, inclusive e logicamente, no que tange a alimentos. Na esteira dessa pretensão, o concubinato também foi disciplinado. Com o objetivo de regulamentar o § 3º do art. 226 da Carta Política, que reconheceu a união estável como entidade familiar, as leis nº 8.971, de 29 de dezembro de 1994, e nº 9.278, de 10 de maio de 1996, e, mais recentemente, o Código Civil de 2002 passaram a prever os alimentos ao companheiro como direito e obrigação à assistência e ao sustento material recíproco, **afastando-os, apenas, para o concubino, na sua acepção adulterina (art. 1.727, CC/2002)**, como se demonstrou ao longo deste modesto estudo (BRASIL, 1988, 1994a, 1996, 2017).

De fato, o art. 1º e seu parágrafo único da Lei nº 8.971, de 29 de dezembro de 1994, preceituam que:

> Art. 1º. A companheira comprovada de um homem solteiro, separado judicialmente, divorciado ou viúvo, que com ele viva há mais de cinco anos, ou dele tenha prole, poderá valer-se do disposto na Lei nº 5.478, de 25 de julho de 1968, enquanto não constituir nova união e desde que prove a necessidade.
> Parágrafo único. Igual direito e nas mesmas condições é reconhecido ao companheiro de mulher solteira, separada judicialmente, divorciada ou viúva (BRASIL, 1994a, não paginado).

A Lei nº 5.478, de 25 de julho de 1968, mencionada no *caput* do dispositivo transcrito, dispõe, exatamente, sobre ação de alimentos e dá outras providências em nada menos do que 29 (vinte e nove) artigos, que tratam não só do aspecto civil da questão, mas também do aspecto penal, estabelecendo, inclusive, ambos os campos referidos do Direito, prisão civil e criminal do devedor de alimentos – arts. 19, 21, 22 e parágrafos da dita lei (BRASIL, 1968).

Aliás, o art. 5º, inc. LXVII, da Constituição da República faz a ressalva de que "Não haverá prisão civil por dívida, **salvo a do responsável pelo inadimplemento voluntário ou inescusável de obrigação alimentícia** e a do depositário infiel" (BRASIL, 1988, não paginado, grifo nosso). A Súmula nº 309 do Superior Tribunal de Justiça preconiza que:

> O débito alimentar que autoriza a prisão civil do alimentante é o que compreende as três prestações anteriores ao ajuizamento da execução e as que se vencerem no curso do processo (BRASIL, 2006, não paginado).

Já a Lei nº 9.278, de 10 de maio de 1996, estabeleceu, nos seus arts. 2º, inc. II, e 7º, *caput*, respectivamente, o seguinte:

Art. 2°. São direitos e deveres iguais dos conviventes: [...] II. assistência moral e material recíproca.
[...]
Art. 7°. Dissolvida a união estável por rescisão, a assistência material prevista nesta lei será prestada por um dos conviventes ao que dela necessitar, a título de alimentos (BRASIL, 1996, não paginado).

Atualmente, no Código Civil em vigor, o art. 1.724 do Livro IV, no Título III, designado "Da União Estável", prescreve:

> As relações pessoais entre os companheiros obedecerão aos deveres de lealdade, respeito e **assistência**, e de guarda, sustento e educação dos filhos (BRASIL, 2017, p. 250, grifo nosso).

De igual forma, no mesmo Livro IV, daquele estatuto civil de 2002, no Título II, subtítulo III, denominado "Dos Alimentos", os arts. 1.694, 1.700, e 1.708 dispõem:

> Art. 1.694. Podem os parentes, os cônjuges ou **companheiros** pedir uns aos outros os alimentos de que necessitem para viver de modo compatível com a sua condição social, inclusive para atender às necessidades de sua educação.
> [...]
> Art. 1.700. A obrigação de prestar alimentos transmite-se aos herdeiros do devedor, na forma do art. 1.694.
> [...]
> Art. 1.708. Com o casamento, **a união estável ou o concubinato** do credor, cessa o dever de prestar alimentos (BRASIL, 2017, p. 248-249, grifo nosso).

CAPÍTULO VII
UNIÃO ESTÁVEL ENTRE PESSOAS DO MESMO SEXO

A temática, como se percebe, muito evoluiu ao longo do tempo. O mais recente capítulo, contudo, seguramente implica em uma revisão (ou evolução) da matéria. Trata-se da união homoafetiva, isto é, entre indivíduos do mesmo sexo, questão que muito levou a doutrina a discutir, mas que parece ter sido pacificada pelo Supremo Tribunal Federal.

Sabidamente, o texto da Carta Magna de 1988 não deixa margem para a inclusão da referida forma de constituição familiar. Por isso, grande parcela da doutrina entendia que a junção entre pessoas do mesmo sexo, ainda que preencha os requisitos para caracterizar união estável, jamais seria apta a ensejar entidade familiar, se muito, sociedade de fato. Daí decorrem diversos efeitos, e, para dar exemplo no aspecto patrimonial, a divisão dos bens eventualmente adquiridos na sua constância dar-se-ia na forma da Súmula nº 380 do STF – isto é, mediante comprovação de contribuição para a aquisição e a posterior repartição proporcional (BRASIL, 1964c).

Conquanto abandonada a cada dia mais pela maior parte dos autores, parece ser a posição, ainda hoje, de nomes de relevo como Diniz (2007, p. 355). Outros, como Venosa (2010, p. 388), outrora filiados ao referido entendimento, tendem a mudar de posição.

Essa aparente mudança ideológica segue entendimento mais contemporâneo do Direito de Família – ou "Direito das Famílias", como quer essa doutrina, que busca homenagear o princípio da afetividade e da pluralidade. Nessa linha, não caberá ao Judiciário, ou até mesmo ao Legislativo, colocar entraves ao cidadão, que, mais do que ninguém, saberá conduzir sua vida baseado em suas convicções pessoais. Assim, a diferenciação, estampada no texto constitucional, não mais se sustenta, com o desenrolar dos tempos, sob pena de se discriminar pessoas sem lastro no princípio da razoabilidade.

Essa nova forma de pensar parte do pressuposto de uma cláusula geral de inclusão prevista pelo constituinte em 1988, emanada, sobretudo, no supraprincípio da dignidade da pessoa humana (art. 1º, III, CF/88). Neste, inserido está hoje o direito à sexualidade, ou melhor, ao seu livre exercício (BRASIL, 1988).

Ainda como argumento está a concepção de que o *hall* constitucional das formas de constituição de família é meramente exemplificativo, até porque seria impossível – reitere-se – ao constituinte de 1988 esgotar as maneiras de manifestação da afetividade humana. Como precursora da tese está, sem dúvidas, Maria Berenice Dias (2013), ilustre desembargadora do Tribunal de Justiça do Rio Grande do Sul.

A jurisprudência, notadamente do Superior Tribunal de Justiça e do Supremo Tribunal Federal, veio evoluindo pontualmente na esteira da doutrina. Em um primeiro momento, o STF reconheceu, em 2003, os direitos previdenciários do companheiro homoafetivo, para depois o STJ ampliar o entendimento para a previdência privada. Aliás, outro passo importante foi o mesmo STJ possibilitar a adoção por casal homoafetivo ("adoção homoafetiva"), sempre buscando atender ao superior interesse da criança (BRASIL, 2003, 2010a, 2010b).

A grande mudança de paradigma, contudo, se deu em definitivo com o julgamento da ADPF 132/RJ e da ADI 4.277/DF, em 05 de maio de 2011. Nesse julgado, o Supremo Tribunal Federal, acompanhando o Relator Ministro Carlos Ayres Britto, decidiu estender à união homoafetiva todos os direitos previstos, tanto em sede constitucional como legal, para os conviventes heteroafetivos (BRASIL, 2011a, 2011b).

Na ocasião, os fundamentos sustentados, inclusive por *amicus curiae*, foram diversos. Porém, a título de esquematização, sem buscar alongar indevidamente esta obra, pode-se destacar os seguintes:

a) preponderância da afetividade sobre a biologicidade;

b) direito crucial à não discriminação e à isonomia, no aspecto formal (na lei) e no aspecto material (perante a lei);

c) liberdade no uso da sexualidade da pessoa, mormente em se tratando de adultos;

d) resguardo da intimidade e da vida privada, espaços nos quais não cabe ao Estado se imiscuir;

e) rol exemplificativo das entidades familiares na Constituição Federal, o que se comprova pelas supervenientes legislações que ampliam o conceito de família (como a Nova Lei de Adoções, que traz a ideia de família extensa – afinidade mais afetividade –, e a Lei Maria da Penha, que se satisfaz com a noção de "se considerar aparentado") (BRASIL, 2011a, 2011b).

Como se sabe, uma decisão exarada de processo objetivo de controle de constitucionalidade abstrato pela Suprema Corte é dotada de efeito vinculante e eficácia *erga omnes*. Por isso, todas as menções infraconstitucionais à união estável entre homem e mulher devem ser revistas, de imediato, garantindo aplicação também a conviventes de mesmo sexo.

Dentre essas previsões, seguramente chama atenção a do art. 1.726 do diploma civilista, que enuncia a possibilidade de conversão em casamento (BRASIL, 2017). A doutrina não teve dúvidas ao estender também para casos de homoafetividade, haja vista o Enunciado nº 526, aprovado na V Jornada de Direito Civil do CJF/STJ, em 2011: É possível a conversão de união estável entre pessoas do mesmo sexo em casamento, observados os requisitos exigidos para a respectiva habilitação (BRASIL, 2012, p. 81).

O Conselho Nacional de Justiça, empolgado com a vinculação inegavelmente advinda da decisão do Supremo Tribunal Federal, editou uma Resolução nos seguintes termos:

> Resolução nº 175, de 14 de maio de 2013: Dispõe sobre a habilitação, celebração de casamento civil, ou de conversão de união estável em casamento, entre pessoas de mesmo sexo.
> O PRESIDENTE DO CONSELHO NACIONAL DE JUSTIÇA, no uso de suas atribuições constitucionais e regimentais,
> CONSIDERANDO a decisão do plenário do Conselho Nacional de Justiça, tomada no julgamento do Ato Normativo nº 000262665.2013.2.00.0000, na 169ª Sessão Ordinária, realizada em 14 de maio de 2013;
> CONSIDERANDO que o Supremo Tribunal Federal, nos acórdãos prolatados em julgamento da ADPF 132/RJ e da ADI 4277/DF, reconheceu a inconstitucionalidade de distinção de tratamento legal às uniões estáveis constituídas por pessoas de mesmo sexo;

> CONSIDERANDO que as referidas decisões foram proferidas com eficácia vinculante à administração pública e aos demais órgãos do Poder Judiciário;
> CONSIDERANDO que o Superior Tribunal de Justiça, em julgamento do RESP 1.183.378/RS, decidiu inexistir óbices legais à celebração de casamento entre pessoas de mesmo sexo;
> CONSIDERANDO a competência do Conselho Nacional de Justiça, prevista no art. 103-B, da Constituição Federal de 1988;
> RESOLVE:
> Art. 1º. É vedada às autoridades competentes a recusa de habilitação, celebração de casamento civil ou de conversão de união estável em casamento entre pessoas de mesmo sexo.
> Art. 2º. A recusa prevista no artigo 1º implicará a imediata comunicação ao respectivo juiz corregedor para as providências cabíveis.
> Art. 3º. Esta resolução entra em vigor na data de sua publicação.
> Ministro Joaquim Barbosa (BRASIL, 2013, não paginado).

Pode-se supor que a intenção do CNJ tenha sido legítima, buscando garantir eficácia à decisão do Supremo e uniformizar a jurisprudência por todo o país, quando reiteradas decisões nas mais diversas direções acerca da conversibilidade ou não da união homoafetiva em casamento. Existe, contudo, um porém: caberia ao referido órgão inovar na ordem jurídica?

A resposta para essa indagação só pode ser negativa. A competência outorgada pelo constituinte reformador ao Conselho Nacional de Justiça é eminentemente administrativa, permeando a seara financeira e disciplinar do Poder Judiciário. Nesse particular, ainda que possa expedir atos regulamentares e verificar a observância dos magistrados, decerto que deve observar as balizas da legislação, como vista pela jurisprudência. Só assim se mantém o equilíbrio entre os Poderes e se garante função adequada ao CNJ.

Justamente por isso, parcela da doutrina entende, não sem razão, que o CNJ agiu *ultra vires* nesse aspecto. De fato, ainda que o STF tenha vincado a equiparação de todas as uniões estáveis, não decidiu, peremptoriamente, quanto ao casamento homoafetivo. Aliás, no próprio julgamento, houve divergência entre os ministros quanto à temática. Diante de tamanho imbróglio, caberia a um órgão administrativo decidir, ter a última palavra, em tão delicada questão?

As polêmicas não se encerram por aí, sendo certo que vão muito além do objeto do presente estudo. Mesmo assim, é interessante trazer, hoje mais *obiter dictum* do que nunca (afinal, como visto, a questão parece pacificada e encerrada na jurisprudência), uma última ponderação: o art. 226 da Constituição Federal, ao prenunciar união estável "entre homem e mulher" revela silêncio eloquente ou lacuna encoberta? (BRASIL, 1988).

A pergunta é determinante, pois, no caso de a lacuna ter sido deixada propositadamente pelo constituinte originário para posterior integração, restaria perfeita a decisão do Judiciário pátrio. Já no caso de silêncio eloquente, o Supremo teria agido por meio de ativismo judicial, essencialmente ilegítimo, vez que, ao contrário do substancionalismo de Dworkin, inova, mesmo que apenas no caso concreto, indo além da permissão legal/constitucional.

A resposta mais correta parece estar em seguir Azevedo (1999, p. 17), para quem a dupla omissão quanto à união de pessoas de mesmo sexo evidencia um silêncio propositado do Poder Constituinte Originário, o qual, não faz mal relembrar, emana do povo. Ademais, o tema foi discutido pelos congressistas quando da elaboração da carta constitucional, sendo certo que se optou – intencionalmente – por ser taxativo: a união estável apta a constituir família seria aquela "entre homem e mulher".

Não se trata de um posicionamento retrógrado ou sem amparo na ciência constitucional. Muito pelo contrário: ainda que se advogue a importância da igualdade entre indivíduos de todas as orientações sexuais, mesmo no que diz respeito à constituição de núcleo familiar, o Judiciário está obrigado a respeitar a separação legítima de Poderes esculpida na Carta Federativa de 1988, até por ser dela fruto. Nessa linha, a posição mais técnica é a de Streck (2011, não paginado), que questiona a legitimidade da decisão do Supremo Tribunal brasileiro:

> A questão que preocupa, portanto, na decisão do STF, é o tipo de interpretação conforme feita pelo STF. Primeiro, não seria uma interpretação conforme e, sim, no modo como dito pelo Min. Ayres Brito, uma *Teilnichtigerklärung ohne Normtextreduzierung* (nulidade parcial sem redução de texto); segundo, como fazer uma interpretação conforme (*sic*) de uma lei que diz exatamente o que diz a Constituição? Levemos o texto da Constituição a sério, pois. Como se sabe, a "fórmula" da ICC é: este dispositivo somente é constitucional se interpretado no sentido da Constituição...! Logo, a fórmula fica assim: o dispositivo que fala "homem e mulher" somente é constitucional se interpretado e lido no sentido da Constituição (que fala exatamente a mesma coisa)...! O Brasil criou uma

nova forma de interpretação conforme. Uma *brasilianischeverfassungskonforme Auslegung*.
Como se vê, há (houve) apenas uma justificativa para a decisão: a justeza da causa. Neste ponto, estaria de acordo. Nunca neguei que a causa fosse (e é) justa. Só que há tantas outras causas justas no Brasil e nem por isso o STF faz (ou fez) esse tipo de "atravessamento hermenêutico". A expressiva maioria dos juristas brasileiros aprovou a decisão do STF. Portanto, aprovaram uma atitude ativista. O que farão os juristas quando o ativismo não for favorável às suas ideias ou teses? Sim, porque o ativismo não tem controle, pela simples razão de que é "ativista". Ativismo quer dizer "substituir o legislador nos juízos político-morais".
Insisto: não há espaço para o STF preencher lacunas. E quais lacunas? Se admitirmos lacunas constitucionais contra a própria Constituição, a pergunta que fica é: o que o STF não poderá fazer? Quais os limites do STF?

O autor, com o viés crítico que lhe é inerente, muito bem provoca o questionamento. Não se discute o papel contramajoritário reservado ao Supremo Tribunal Federal pátrio, que, aliás, é uma garantia da efetivação dos direitos fundamentais de todos os cidadãos. O STF tem que ser contramajoritário quando assim for necessário. O que não se aplaudirá jamais é que atue de maneira antidemocrática, contrariando os ditames e limites constitucionalmente estabelecidos.

Encerra-se, assim, uma breve exposição que, por óbvio, não busca esgotar o tema, o qual, reafirme-se, hoje é uma certeza. Mas que, por ser Direito, nem por isso se torna inquestionável.

CAPÍTULO VIII

CONCLUSÃO

A conclusão a que se chega é a de que o concubinato, conquanto antes não possuísse conceituação legal precisa, embora referido expressamente em muitas passagens da lei, trouxe consequências jurídicas diversas e progressivas, com o passar dos tempos, demandando novas disciplinas e atenção dos legisladores para que melhor se estruturasse o ordenamento legal em direção à tendência humanizadora gradativa dos tribunais em conformidade com a evolução dos costumes.

A ideia vetusta de que negar proteção à concubina era favorecer a família legal constituía erro gravíssimo. Se não se amparasse a concubina lesada pelo abandono, tornar-se-ia mais sedutor ao indivíduo procurar o concubinato, que lhe outorgava as vantagens do casamento sem lhe conferir, por outro lado, as responsabilidades e obrigações que o matrimônio impunha. Era preciso encontrar uma solução que não fosse mero paliativo que tratasse dos diferentes aspectos e níveis das ligações afetivas e amorosas.

As necessidades da vida, muitas vezes, falavam mais alto que as ortodoxias jurídicas. Deveria se evitar o radicalismo de igualar os direitos dos concubinatos de várias espécies aos inerentes aos casamentos. Mas também não se podia fechar os olhos para a realidade do processo social e cultural evolutivo que mereceria, afinal, a competente consagração jurídica.

Após a promulgação da Constituição de 1988, o Estado passou a reconhecer a união estável como entidade familiar. Depois, as Leis nº 8.971, de 29 de dezembro de 1994, e nº 9.278, de 10 de maio de 1996, ambas ocupando-se do mesmo tema, a segunda de forma mais abrangente do que a primeira, vieram definir e estabelecer direitos e deveres dos conviventes na união estável.

Atualmente, com a entrada em vigor, em 2003, do Novo Código Civil de 2002 aprofundou-se e aperfeiçoou-se o tratamento jurídico ministrado à matéria identificando-se, com precisão, os direitos de companheiros que vivem sob o regime da união estável equiparando-os à situação de cônjuges, como se casados fossem, desde que presentes e comprovados os requisitos para a sua configuração. Fez-se, ainda, nítida distinção da figura do concubinato, expressão que ganhou nova significação, segundo o art. 1.727 do Código Civil atual.

Existe hoje, pois, uma realidade jurídica protegida, regulada e amparada pela Constituição e pela lei envolvendo o matrimônio, a união estável e, à sua semelhança, não menos real, o concubinato em suas matizes múltiplas e variáveis, cujo conceito antigo compreendia a união livre, a união de fato, e outras relações não eventuais que necessitavam, para evitar injustiças sociais, da definição jurídica, que, hodiernamente, o Direito brasileiro oferece, se não de forma precisa, ao menos de maneira suficientemente eficaz para se comporem, de modo adequado, conflitos de interesses, que surjam em torno do tema.

Em contínuo aperfeiçoamento do tema em razão da evolução da sociedade, a mais recente decisão do STF a respeito do assunto saiu em 10 de maio de 2017, quando o plenário decidiu, por 7 votos a 3, que a união estável e o casamento possuem o mesmo valor jurídico em termos de direito sucessório, tendo o companheiro o mesmo direito à herança que o cônjuge (pessoa casada). Os ministros decidiram ainda (6 a 2) que a equiparação entre companheiro e cônjuge, para termos de herança, abrange também as uniões estáveis de casais LGBTs (lésbicas, gays, bissexuais, travestis e transexuais e transgêneros).

Ambas as decisões são válidas para todas as instâncias (mas não alcançam os julgamentos de sucessões que tiveram as sentenças transitadas em julgado ou partilhas extrajudiciais com escritura pública), e, pela tese estabelecida, foi considerado inconstitucional o artigo 1.790 do Código Civil de 2002, que determinava regras diferentes para a herança no caso de união estável (vide Recursos Extraordinários nº 646.721 e nº 878.694). A partir da decisão, o companheiro que provar a união estável terá direito à metade da herança sendo o restante dividido entre filhos e pais (do falecido). Caso não haja descendentes ou ascendentes, a herança é toda dele.

REFERÊNCIAS BIBLIOGRÁFICAS

ABREU FILHO, José. *O negócio jurídico e sua teoria geral*. 5. ed. São Paulo: Saraiva, 2003.

AZEVEDO, Álvaro V. Uniões entre pessoas do mesmo sexo. *Revista da Faculdade de Direito da Universidade de São Paulo*, São Paulo, v. 94, p. 13-31, 1999. Disponível em: <http://www.revistas.usp.br/rfdusp/article/view/67430/70040>. Acesso em: 20 jul. 2017.

BEVILAQUA, Clovis. *Direito das obrigações*. 9. ed. rev. e atual. Rio de Janeiro: F. Alves, 1957. Revisão e atualização de Achilles Bevilaqua e Isaias Bevilaqua.

BITTENCOURT, Edgard de M. *O concubinato no direito*. Rio de Janeiro: Alba, 1961. 2 v.

BRASIL. Código civil. In: _____. *Civil e empresarial*: códigos 4 em 1 Saraiva. 13. ed. São Paulo: Saraiva, 2017. p. 139-266.

_____. *Código civil e legislação civil em vigor*. 34 ed. rev. e atual. São Paulo: Saraiva, 2016. Organização dos textos por Theotonio Negrão et al.

_____. Código de processo civil de 1973. In: _____. *Civil e empresarial*: códigos 4 em 1 Saraiva. 13. ed. São Paulo: Saraiva, 2017. Adendo Especial (p. 7-83). Revogado pela Lei n° 13.105, de 2015.

BRASIL. Conselho de Recursos da Previdência Social. Ac unân. n° 2.366. *Boletim de Jurisprudência ADCOAS*, São Paulo, ano 6, n. 15, p. 237, abr. 1974a.

BRASIL. Conselho de Recursos da Previdência Social. Ac. unân. n°
1.279. *Boletim de Jurisprudência ADCOAS*, São Paulo, ano 6, n.
47, p. 749, nov. 1974b.

BRASIL. Conselho da Justiça Federal. Enunciado n° 526. In:
JORNADA DE DIREITO CIVIL, 5., 2011, Brasília. *V Jornada
de direito civil*. Brasília: Conselho da Justiça Federal, 2012. p.
81. Disponível em: <www.cjf.jus.br/cjf/corregedoria-da-justica-federal/centro-de-estudos-judiciarios-1/publicacoes-1/
jornadas-cej/vjornadadireitocivil2012.pdf/view>. Acesso em:
20 jul. 2017.

BRASIL. Conselho Nacional de Justiça. *Resolução n° 175*, de 14 de
maio de 2013. Dispõe sobre a habilitação, celebração de casamento civil, ou de conversão de união estável em casamento, entre pessoas do mesmo sexo. Ministro Joaquim Barbosa.
Não paginado. Disponível em: <www.cnj.jus.br/busca-atos-adm?documento=2504>. Acesso em: 20 jul. 2017.

BRASIL. Constituição (1967). *Emenda constitucional n° 1*, de 12 de
outubro de 1969. Edita o novo texto da Constituição Federal de
24 de janeiro de 1967. Não paginado. Disponível em: <www.
planalto.gov.br/ccivil_03/Constituicao/Emendas/Emc_anterior1988/emc01-69.htm>. Acesso em: 14 jul. 2017.

BRASIL. Constituição (1988). *Constituição da República Federativa
do Brasil*. Não paginado. Disponível em: <www.planalto.gov.
br/ccivil_03/constituicao/constituicao.htm>. Acesso em: 14
jul. 2017.

_____. *Artigo 226*. A família, base da sociedade, tem especial proteção do Estado. Disponível em: <www.senado.gov.br/atividade/const/con1988/con1988_07.05.2015/art_226_.asp>.
Acesso em 20 de jul. 2017.

BRASIL. *Decreto n° 2.681*, de 7 de dezembro de 1912. Regula a
responsabilidade civil das estradas de ferro. Não paginado.
Disponível em: <www.planalto.gov.br/ccivil_03/decreto/
d2681_1912.htm>. Acesso em: 13 jul. 2017.

_____. *Decreto n° 13.498*, de 12 de março de 1919. Aprova o regulamento para a execução da lei n° 3.724, de 15 de janeiro de

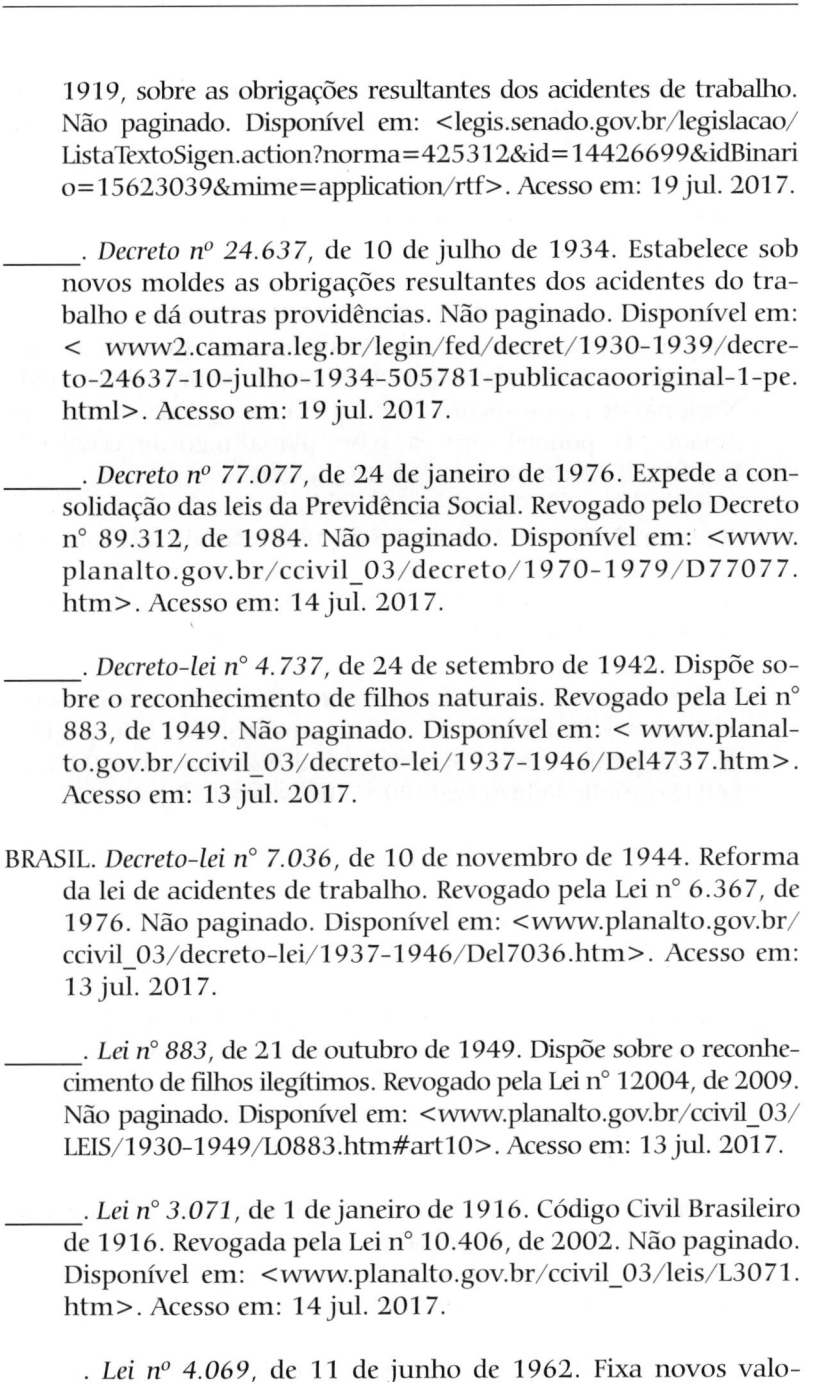

1919, sobre as obrigações resultantes dos acidentes de trabalho. Não paginado. Disponível em: <legis.senado.gov.br/legislacao/ ListaTextoSigen.action?norma=425312&id=14426699&idBinari o=15623039&mime=application/rtf>. Acesso em: 19 jul. 2017.

_____. *Decreto nº 24.637*, de 10 de julho de 1934. Estabelece sob novos moldes as obrigações resultantes dos acidentes do trabalho e dá outras providências. Não paginado. Disponível em: < www2.camara.leg.br/legin/fed/decret/1930-1939/decreto-24637-10-julho-1934-505781-publicacaooriginal-1-pe. html>. Acesso em: 19 jul. 2017.

_____. *Decreto nº 77.077*, de 24 de janeiro de 1976. Expede a consolidação das leis da Previdência Social. Revogado pelo Decreto n° 89.312, de 1984. Não paginado. Disponível em: <www. planalto.gov.br/ccivil_03/decreto/1970-1979/D77077. htm>. Acesso em: 14 jul. 2017.

_____. *Decreto-lei n° 4.737*, de 24 de setembro de 1942. Dispõe sobre o reconhecimento de filhos naturais. Revogado pela Lei n° 883, de 1949. Não paginado. Disponível em: < www.planalto.gov.br/ccivil_03/decreto-lei/1937-1946/Del4737.htm>. Acesso em: 13 jul. 2017.

BRASIL. *Decreto-lei n° 7.036*, de 10 de novembro de 1944. Reforma da lei de acidentes de trabalho. Revogado pela Lei n° 6.367, de 1976. Não paginado. Disponível em: <www.planalto.gov.br/ ccivil_03/decreto-lei/1937-1946/Del7036.htm>. Acesso em: 13 jul. 2017.

_____. *Lei n° 883*, de 21 de outubro de 1949. Dispõe sobre o reconhecimento de filhos ilegítimos. Revogado pela Lei n° 12004, de 2009. Não paginado. Disponível em: <www.planalto.gov.br/ccivil_03/ LEIS/1930-1949/L0883.htm#art10>. Acesso em: 13 jul. 2017.

_____. *Lei n° 3.071*, de 1 de janeiro de 1916. Código Civil Brasileiro de 1916. Revogada pela Lei n° 10.406, de 2002. Não paginado. Disponível em: <www.planalto.gov.br/ccivil_03/leis/L3071. htm>. Acesso em: 14 jul. 2017.

_____. *Lei nº 4.069*, de 11 de junho de 1962. Fixa novos valores para os vencimentos dos servidores da União, institui empréstimo compulsório e altera legislação do Imposto de Renda, autoriza emissão de títulos de recuperação financeira, modifica legislação sobre emissão de letras e obrigações do Tesouro Nacional e dá outras providências. Não paginado. Disponível em: <www.planalto.gov.br/ccivil_03/leis/L4069.htm>. Acesso em: 13 jul. 2017.

_____. *Lei nº 4.242*, de 17 de julho de 1963. Fixa novos valores para os vencimentos dos servidores do Poder Executivo, Civis e Militares; institui o empréstimo compulsório; cria o Fundo Nacional de Investimentos, e dá outras providências. Não paginado. Disponível em: < www.planalto.gov.br/ccivil_03/leis/L4242.htm>. Acesso em: 13 jul. 2017.

BRASIL. *Lei n° 5.478*, de 25 de julho de 1968. Dispõe sobre ação de alimentos e dá outras providências. Não paginado. Disponível em: <www.planalto.gov.br/ccivil_03/leis/L5478.htm>. Acesso em: 19 jul. 2017.

_____. *Lei nº 6.015*, de 31 de dezembro de 1973a. Dispõe sobre os Registros Públicos e dá outras providências. Não paginado. Disponível em: <www.planalto.gov.br/ccivil_03/leis/L6015compilada.htm#art299>. Acesso em: 13 jul. 2017.

_____. *Lei n° 5.890*, de 8 de junho de 1973b. Altera a legislação de previdência social e dá outras providências. Não paginado. Disponível em: <www.planalto.gov.br/ccivil_03/leis/l5890.htm>. Acesso em: 17 jul. 2017.

_____. *Lei n° 6.515*, de 26 de dezembro de 1977a. Regula os casos de dissolução da sociedade conjugal e do casamento, seus efeitos e respectivos processos, e dá outras providências. Não paginado. Disponível em: <www.planalto.gov.br/ccivil_03/leis/L6515.htm>. Acesso em: 15 jul. 2015.

_____. *Lei n° 6.649*, de 16 de maio de 1979. Regula a locação predial urbana e dá outras providências. Revogada pela Lei n° 8.245, de 1991. Não paginado. Disponível em: <www.planalto.gov.br/ccivil_03/leis/1970-1979/L6649.htm>. Acesso em: 19 jul. 2017.

_____. *Lei nº 8.069*, de 13 de julho de 1990. Dispõe sobre o Estatuto da criança e do adolescente e dá outras providências. Não paginado. Disponível em: <www.planalto.gov.br/ccivil_03/leis/L8069.htm>. Acesso em: 14 jul. 2017.

BRASIL. *Lei nº 8.213*, de 24 de julho de 1991a. Dispõe sobre os Planos de Benefícios da Previdência Social e dá outras providências. Não paginado. Disponível em: <www.planalto.gov.br/ccivil_03/leis/L8213cons.htm>. Acesso em: 14 jul. 2017.

_____. *Lei nº 8.245*, de 18 de outubro de 1991b. Dispõe sobre as locações dos imóveis urbanos e os procedimentos a elas pertinentes. Não paginado. Disponível em: <www.planalto.gov.br/ccivil_03/leis/L8245.htm#art90>. Acesso em; 19 jul. 2017.

_____. *Lei nº 8.441*, de 13 de julho de 1992. Altera dispositivos da Lei no 6.194, de 19 de dezembro de 1974, que trata do Seguro Obrigatório de Danos Pessoais causados por Veículos Automotores de Vias Terrestres (DPVAT). Não paginado. Disponível em: <www.planalto.gov.br/ccivil_03/leis/L8441.htm>. Acesso em: 14 jul. 2017.

_____. *Lei nº 8.971*, de 29 de dezembro de 1994a. Regula o direito dos companheiros a alimentos e à sucessão. Não paginado. Disponível em: <www.planalto.gov.br/ccivil_03/leis/L8971.htm>. Acesso em: 14 jul. 2017.

_____. *Lei nº 9.278*, de 10 de maio de 1996. Regula o § 3º do art. 226 da Constituição Federal. Não paginado. Disponível em: <www.planalto.gov.br/ccivil_03/leis/L9278.htm>. Acesso em: 14 jul. 2017.

_____. *Leis do trabalho e jurisprudência*. São Paulo: Mapa Fiscal, 1972. 3 v. (Biblioteca Mapa Fiscal).

BRASIL. Superior Tribunal de Justiça. *Recurso Especial nº 3.560*. Doação à companheira. Recorrente: Adolpho Luiz Testa. Recorrido: Myrna Reus de Oliveira. Relator: Ministro Fontes de Alencar. Brasília, 13 de dezembro de 1993. Disponível em: <ww2.stj.jus.br/processo/ita/documento/mediado/?num_registro=199000054508&dt_publicacao=23-05-1994&cod_tipo_documento=1>. Acesso em: 15 jul. 2017.

_____. *Recurso Especial n° 107.959*. Ação de exoneração de pensão alimentícia a ex-cônjuge. Recorrente: Ligio Renato Antoni. Recorrido: Denise de Souza Ricardl. Relator: Ministro Ruy Rosado de Aguiar. Brasília, 07 de junho de 2001. Disponível em: <ww2.stj.jus.br/processo/revista/documento/mediado/?componente=IMGD&sequencial=191770&num_registro=199600584877&data=20010820&formato=PDF>. Acesso em: 15 jul. 2017.

_____. *Recurso Especial n° 229.033*. Concubinato. Serviços domésticos. Indenização. Recorrente: Helena Alves Brito. Recorrido: Fernando Matheus. Relator: Ministro Cesar Asfor Rocha. Brasília, 18 de abril de 2000. Não paginado. Disponível em: <ww2.stj.jus.br/processo/ita/documento/mediado/?num_registro=199900801105&dt_publicacao=19-06-2000&cod_tipo_documento=1>. Acesso em: 17 jul. 2017.

_____. *Recurso Especial n° 257.115*. Princípio da identidade física do juiz. Concubinato impuro. Relator: Ministro Fernando Gonçalves. Brasília, 29 de junho de 2004a. Disponível em: <ww2.stj.jus.br/processo/revista/documento/mediado/?componente=ATC&sequencial=1001583&num_registro=200000416878&data=20041004&tipo=5&formato=PDF>. Acesso em: 17 jul. 2017.

BRASIL. Superior Tribunal de Justiça. *Recurso Especial n° 323.909*. Concubinato. Ausência de patrimônio comum. Pretensão de indenização por serviços prestados. Relator: Ministro Hélio Quaglia Barbosa. Brasília, 15 de maio de 2007. Disponível em: <ww2.stj.jus.br/processo/revista/documento/mediado/?componente=ATC&sequencial=3133404&num_registro=200100601985&data=20070604&tipo=5&formato=PDF>. Acesso em: 17 jul. 2017.

_____. *Recurso Especial n°362.743*. Sociedade de fato. Partilha companheiro casado. Recorrente: Luzia Ferreira Tomaz. Recorrido: Doracy Martins da Silva e outros. Relator: Ministro Jorge Scartezzini. Brasília, 21 de setembro de 2004b. Disponível em: <ww2.stj.jus.br/processo/revista/documento/mediado/?componente=ATC&sequencial=1371647&num_registro=200101451353&data=20041011&tipo=5&formato=PDF>. Acesso em: 19 jul. 2017.

_____. *Recurso Especial n° 532.549*. Consignação em pagamento. Concubina. Recorrente: Esther Justina Ferronato Laude e outro. Recorrido: Novo Hamburgo Companhia de Seguros Gerais. Relator: Ministro Castro Filho. Brasília, 02 de junho de 2005. Disponível em: <ww2.stj.jus.br/processo/revista/documento/mediado/?componente=ATC&sequencial=1659948&num_registro=200300341642&data=20050620&tipo=5&formato=PDF>. Acesso em: 17 jul. 2017.

BRASIL. Superior Tribunal de Justiça. *Recurso Especial n° 1.026.981*. Previdência privada. Benefícios. União entre pessoas do mesmo sexo. Recorrente: Severino Galdino Belo. Recorrido: Caixa de Previdência dos funcionários do Banco do Brasil Prev. Relatora: Ministra Nancy Andrighi. Brasília, 04 de fevereiro de 2010a. Disponível em: <ww2.stj.jus.br/processo/revista/documento/mediado/?componente=ATC&sequencial=8063809&num_registro=200800251717&data=20100223&tipo=5&formato=PDF>. Acesso em: 20 jul. 2017.

_____. *Recurso Especial n° 889.852*. Adoção de menores por casal homossexual. Relator: Ministro Luis Felipe Salomão. Brasília, 27 de abril de 2010b. Disponível em: <ww2.stj.jus.br/processo/revista/documento/mediado/?componente=ATC&sequencial=9823377&num_registro=200602091374&data=20100810&tipo=5&formato=PDF>. Acesso em: 20 jul. 2017.

_____. *Concubinato*: cuidar da casa e dos filhos, por si só, não dá direito à meação. JusBrasil, Notícias, [S.l.], 2008a. Não paginado. Notícia sobre o Recurso Especial n° 914.811, do STJ, em Brasília, 27 de agosto de 2008a. Disponível em: <stj.jusbrasil.com.br/noticias/104064/concubinato-cuidar-da-casa-e-dos--filhos-por-si-so-nao-da-direito-a-meacao>. Acesso em: 17 jul. 2017.

_____. *Súmula n° 309*. O débito alimentar que autoriza a prisão civil do alimentante é o que compreende as três prestações anteriores ao ajuizamento da execução e as que se vencerem no curso do processo. Aprovada em 22 de março de 2006. Não paginado. Disponível em: <www.stj.jus.br/SCON/sumanot/toc.jsp?livre=(sumula%20adj1%20%27309%27).sub.>. Acesso em: 19 jul. 2017.

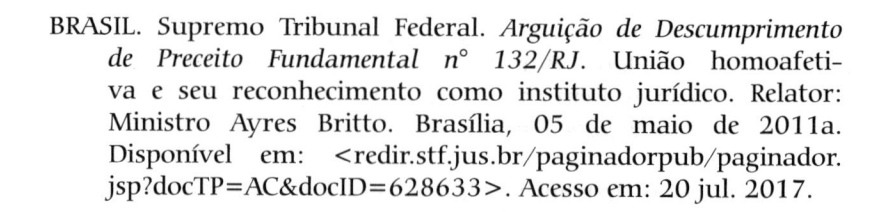

BRASIL. Supremo Tribunal Federal. *Arguição de Descumprimento de Preceito Fundamental n° 132/RJ*. União homoafetiva e seu reconhecimento como instituto jurídico. Relator: Ministro Ayres Britto. Brasília, 05 de maio de 2011a. Disponível em: <redir.stf.jus.br/paginadorpub/paginador. jsp?docTP=AC&docID=628633>. Acesso em: 20 jul. 2017.

_____. *Ação Direta de Inconstitucionalidade n° 4.277/DF*. União homoafetiva e seu reconhecimento como instituto jurídico. Relator: Ministro Ayres Britto. Brasília, 05 de maio de 2011b. Disponível em: <www.conectas.org/arquivos/editor/files/ ac%C3%B3rd%C3%A3o(1).pdf>. Acesso em: 20 jul. 2017.

_____. *Petição n° 1.984/RS* – Rio Grande do Sul. Condição de dependente. Companheiro ou companheira homossexual. Relator: Ministro Marco Aurélio. Brasília, 10 de fevereiro de 2003. Disponível em: <www.stf.jus.br>. Acesso em: 20 jul. 2017.

_____. Recurso Extraordinário n° 2.004. Ação de investigação de paternidade. Significação de concubinato. Relator: Ministro Edmundo Pereira Lins. STF, 6 de setembro de 1932. *Revista de Direito*: jurisprudência nacional, v. 109, p. 165-180. Disponível em: <redir.stf.jus.br/paginadorpub/paginador. jsp?docTP=AC&docID=116127>. Acesso em: 13 jul. 2017.

BRASIL. Supremo Tribunal Federal. *Recurso Extraordinário n° 49.212*. Conceituação jurídica do concubinato. Investigação de paternidade. Recorrente: Braz Cardoso de Oliveira Filho e sua mulher. Recorrido: Jales Ribeiro de Mendonça. Relator: Ministro Ribeiro da Costa. Brasília, 12 de junho de 1962, p. 760-766. Disponível em: <redir.stf.jus.br/paginadorpub/paginador. jsp?docTP=AC&docID=148319>. Acesso em: 13 jul. 2017.

_____. *Recurso Extraordinário n° 70.271*. Concubina. Remuneração por serviços domésticos. Recorrente: Rosilda Almeida. Recorrido: Silvestre Costa Ferreira. Relator: Ministro Aliomar Baleeiro. Brasília, 11 de maio de 1973c. p. 238-255. Disponível em: <redir.stf.jus.br/paginadorpub/paginador. jsp?docTP=AC&docID=166179>. Acesso em: 17 jul. 2017.

_____. *Recurso Extraordinário n° 80.982*. Pensão alimentícia com base em concubinato extinto. Recorrente: Virginia Ira de Furstenberg.

Recorrido: Francisco Pignatari. Relator: Ministro Carlos Thompson Flores. Brasília, 05 de dezembro de 1975. p. 968-977. Disponível em: <redir.stf.jus.br/paginadorpub/paginador.jsp?docTP=AC&docID=176272>. Acesso em: 19 jul. 2017.

_____. *Recurso Extraordinário n° 83.930*. *Revista Trimestral de Jurisprudência*, Brasília, v. 82, p. 930-936, dez. 1977b. Disponível em: <www.stf.jus.br/arquivo/cms/publicacaoRTJ/anexo/082_3.pdf>. Acesso em: 19 jul. 2017.

BRASIL. Supremo Tribunal Federal. *Recurso Extraordinário n° 135.780*. Princípio da legalidade. Direito da concubina. Pensão. Recorrente: Instituto de Previdência do estado de São Paulo. Recorrida: Lazara Maria Espigari. Relator: Ministro Marco Aurélio. Brasília, 04 de fevereiro de 1994b. Disponível em: <redir.stf.jus.br/paginadorpub/paginador.jsp?docTP=AC&docID=207867>. Acesso em: 19 jul. 2017.

_____. *Recurso Extraordinário n° 397.762*. Companheira e concubina. Pensão. Recorrente: Estado da Bahia. Recorrido: Joana da Paixão Luz. Relator: Ministro Marco Aurélio. Brasília, 03 de junho de 2008b. Disponível em: <redir.stf.jus.br/paginadorpub/paginador.jsp?docTP=AC&docID=547259>. Acesso em: 19 jul. 2017.

_____. *Súmula n° 35*. Em caso de acidente do trabalho ou de transporte, a concubina tem direito de ser indenizada pela morte do amásio, se entre eles não havia impedimento para o matrimônio. Aprovada em 13 de dezembro de 1963. Não paginado. Disponível em: <www.stf.jus.br/portal/jurisprudencia/listarJurisprudencia.asp?s1=35.NUME.%20NAO%20S.FLSV.&base=baseSumulas>. Acesso em: 13 jul. 2017.

_____. *Súmula n° 382*. A vida em comum, sob o mesmo teto, *more uxorio*, não é indispensável à caracterização do concubinato. Aprovada em 03 de abril de 1964a. Não paginado. Disponível em: <www.stf.jus.br/portal/jurisprudencia/listarJurisprudencia.asp?s1=382.NUME.%20NAO%20S.FLSV.&base=baseSumulas>. Acesso em: 13 jul. 2017.

BRASIL. Supremo Tribunal Federal. *Súmula n° 447*. É válida a disposição testamentária em favor de filho adulterino do testador com sua concubina. Aprovada em 01 de outubro de 1964b. Não paginado. Disponível em: <www.stf.jus.br/portal/jurisprudencia/listarJurisprudencia.asp?s1=447.NUME.%20NAO%20S.FLSV.&base=baseSumulas>. Acesso em: 13 jul. 2017.

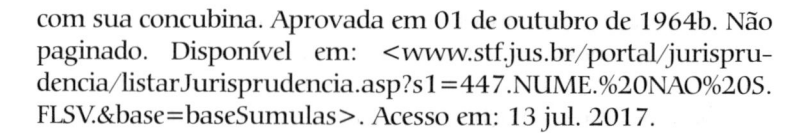

_____. *Súmula n° 380*. Comprovada a existência de sociedade de fato entre os concubinos, é cabível sua dissolução judicial com a partilha do patrimônio adquirido pelo esforço comum. Aprovada em 03 de abril de 1964c. Não paginado. Disponível em: <www.stf.jus.br/portal/jurisprudencia/listarJurisprudencia.asp?s1=380.NUME.%20NAO%20S.FLSV.&base=baseSumulas>. Acesso em: 13 jul. 2017.

_____. *Súmula n° 447*. É válida a disposição testamentária em favor de filho adulterino do testador com sua concubina. Aprovada em 01 de outubro de 1964d. Não paginado. Disponível em: <www.stf.jus.br/portal/jurisprudencia/listarJurisprudencia.asp?s1=447.NUME.%20NAO%20S.FLSV.&base=baseSumulas>. Acesso em: 14 jul. 2017.

BRASIL. Tribunal Federal de Recursos. Ac. unân. da 2ª T., em 22 de março de 1973. *Boletim de Jurisprudência ADCOAS*, São Paulo, ano 6, n. 15, p. 237, abr. 1974c.

_____. Apelação cível n° 42.414. *Boletim de Jurisprudência ADCOAS*, São Paulo, ano 9, n. 4, p. 60, jan. 1977c.

_____. Apelação cível n° 76.099. *Boletim de Jurisprudência ADCOAS*, São Paulo, ano 9, n. 7, p. 109, fev. 1977d.

BRASIL. Tribunal Federal de Recursos. Apelação cível n° 41.563. *Boletim de Jurisprudência ADCOAS*, São Paulo, ano 9, n. 10, p. 157, mar. 1977e.

_____. Apelação cível n° 38.644. *Boletim de Jurisprudência ADCOAS*, São Paulo, ano 9, n. 18, p. 285, maio/set. 1977f.

CABANELLAS de TORRES, Guillermo. *Diccionario de derecho usual*. Buenos Aires: Atalava, 1946.

CARNEIRO, Nelson de S. *A nova ação de alimentos*: anotações à lei n. 5.478, de 25 de julho de 1968, que dispõe sobre a ação de alimentos e dá outras providências. Rio de Janeiro: Freitas Bastos, 1969.

CASTRO, Francisco A. das N. e. *Teoria das provas e suas aplicações aos atos civis*. São Paulo: Servanda, 2000.

CÓDIGO de direito canônico. 9. ed. rev. e ampl. São Paulo: Loyola, 1995. Inclui notas, comentários e índice analítico do Padre Jesus S. Hortal.

CORREA, Orlando de A.; MOURA, Mário A. *Divórcio*: teoria e prática. Porto Alegre: Síntese, 1978.

COSTA, Hertz J. Acidentes do trabalho. Teremos nova lei acidentária?. *Revista Jus Navigandi*, Teresina, ano 10, n. 664, maio 2005. Não paginado. Disponível em: <jus.com.br/artigos/6662>. Acesso em: 14 jul. 2017.

DIAS, Adahyl L. *A concubina e o direito brasileiro*. 4. ed. aum. São Paulo: Saraiva, 1988.

DIAS, Maria B. Manual de direito das famílias. 9. ed. rev., atual. e ampl. São Paulo: Revista dos Tribunais, 2013.

DICCIONARIO Jurídico Latin. *DR Leyes*: todo sobre derecho en Republica Dominicana. Disponível em: <www.drleyes.com/page/diccionario_maximas/palabras/A/>. Acesso em: 25 jul. 2017.

DINIZ, Maria H. Direito de família. In: _____. *Curso de direito civil brasileiro*. 22. ed. São Paulo: Saraiva, 2007. v. 5.

DIREITO, Carlos A. M. Da união estável como entidade familiar. *Revista dos Tribunais*, São Paulo, v. 80, n. 667, p. 17-23, maio 1991.

ESMEIN, Paul. Le probleme de l'union libre. *Revue Trimestrielle de Droit Civil*, Paris, v. 34, n. 4, p. 747-785, 1935.

ESPÍNDOLA FILHO, Eduardo. *A locação residencial e comercial, em face da Lei 1.300, de 28 de dezembro de 1950*. Rio de Janeiro: Freitas Bastos, 1951.

FERREIRA, Aurélio B. de H. *Novo Aurélio século XXI*: o dicionário da língua portuguesa. Rio de Janeiro: Nova Fronteira, 1999.

GONÇALVES, Carlos R. Direito de família. In: _____. *Direito civil brasileiro*. 2. ed. São Paulo: Saraiva, 2007. v. 6.

GUINARD, Pierre. *Les effets juridiques de l'union libre en jurisprudence*. Paris: Libr. Dalloz, 1933.

HOUAISS, Antônio; FRANCO, Francisco M. de M.; VILLAR, Mauro de S. *Dicionário Houaiss da língua portuguesa*. Rio de Janeiro: Objetiva, 2001.

LAROUSSE du XX siécle: en six volumes. Paris: Librairie Larousse, 1929. Direction de Paul Augé. v. 2.

MINAS GERAIS. Tribunal da Alçada de Minas Gerais. Apelação cível n° 6.958. *Boletim de Jurisprudência ADCOAS*, São Paulo, ano 9, n. 27, p. 724, jul. 1977.

MINAS GERAIS. Tribunal de Justiça de Minas Gerais. *Ementário Forense*, [Rio de Janeiro], ano 14, n. 158, p. 320, jan. 1962.

MONTEIRO, Washington de B. Direito de família. In: _____. *Curso de direito civil*. 34. ed. São Paulo: Saraiva, 1997. v. 2.

_____. Direito de família. In: _____. *Curso de direito civil*. 38. ed. São Paulo: Saraiva, 2007. v. 2. Atualização de Regina Beatriz Tavares da Silva.

MOURA, Mário A. *Concubinato*: teoria e prática. 5. ed. Porto Alegre: Síntese, 1979.

NEGRÃO, Theotônio; GOUVEIA, José R. F. *Código civil e legislação civil em vigor*. 23. ed. São Paulo: Saraiva, 2004.

_____. *Código de processo civil e legislação processual em vigor*. 40. ed. São Paulo: Saraiva, 2008.

PEREIRA, Virgílio de Sá. *Direito de família*. 2. ed. atual. Rio de Janeiro: Freitas Bastos, 1959. Atualização e anotações de Vicente de Farias Coelho.

PESSOA, Eduardo. *Dicionário de latim forense*. Rio de Janeiro: ADCOAS, 2004.

POMPOJO. *Código civil comentado*. [S.l.: s.n.], 1953. v. 6.

RIO DE JANEIRO (Estado). Tribunal de Justiça do Rio de Janeiro. Apelação nº 6.342. *Boletim de Jurisprudência ADCOAS*, São Paulo, ano 11, n. 24, p. 371, jun. 1979.

RIO DE JANEIRO (Estado). Tribunal de Justiça do Rio de Janeiro. Apelação cível n° 18.939. *Revista dos Tribunais*, São Paulo, ano 58, v. 409, p. 351-352, nov. 1969.

RIO GRANDE DO SUL. *Apelação cível n° 70003162682*. Ação de consignação em pagamento. Relatora: Marta Borges Ortiz. Quinta câmara cível, Tribunal de Justiça do RS, 06 de junho de 2002. Disponível em: <www.tjrs.jus.br>. Acesso em: 17 jul. 2017.

_____. *Apelação cível n° 70022849467*. Seguro de vida. Negativa de cobertura. Beneficiária. Companheira. Relator: Leo Lima. Quinta câmara cível, Tribunal de Justiça do RS, 19 de março de 2008. Disponível em: <www.tjrs.jus.br>. Acesso em: 19 jul. 2017.

_____. *Apelação Cível nº 70017904061*. Seguros. Indicação da companheira como beneficiária. Relator: Paulo Sérgio Scarparo. Quinta câmara cível, Tribunal de Justiça do RS, 11 de abril de 2007. Disponível em: <www.tjrs.jus.br>. Acesso em: 19 jul. 2017

RIO GRANDE DO SUL. Tribunal de Justiça do Estado do Rio Grande do Sul. Apelação cível n° 27.492. *Revista de Jurisprudência do Tribunal de Justiça do Estado do Rio Grande do Sul*, Porto Alegre, ano 13, v. 67, p. 260-262, abr. 1978.

_____. Embargos infringentes n° 29.953. *Revista de Jurisprudência do Tribunal de Justiça do Estado do Rio Grande do Sul*, Porto Alegre, ano 14, v. 75, p. 140-145, ago. 1979.

RODRIGUES, Hélio. *Locação, despejo e renovatória*. 3.ed. Rio de Janeiro: Freitas Bastos, 1957.

ROGERS, Humberto P. *El concubinato y sus efectos jurídicos*. Santiago, Chile: Editorial Nascimento, 1942. (Colección de estudios jurídicos, 7).

ROSAS, Roberto F. *Direito sumular*. 8. ed. São Paulo: Malheiros, 1997.

SÃO PAULO (Estado). Lei nº 2.699, de 17 de junho de 1954. Dispõe sobre o trabalho obrigatório nas cadeias públicas, para os sentenciados. Disponível em: <www.al.sp.gov.br/repositorio/legislacao/lei/1954/lei-2699-17.06.1954.html>. Acesso em: 13 jul. 2017.

SÃO PAULO (Estado). 2º Tribunal da Alçada de São Paulo. *Boletim de Jurisprudência ADCOAS*, São Paulo, nº 6, p. 83, [19-?].

SÃO PAULO (Estado). Tribunal de Justiça de São Paulo. Apelação cível nº 95.729. *Revista dos Tribunais*, São Paulo, ano 50, v. 306, p. 176, abr. 1961

_____. Apelação cível nº 150.679. *Revista dos Tribunais*, São Paulo, ano 55, v. 374, p. 122-123, dez. 1966.

_____. Apelação cível nº 164.582. *Revista dos Tribunais*, São Paulo, ano 57, v. 389, p. 168-169, mar. 1968.

_____. Apelação cível nº 160.650. *Revista dos Tribunais*, São Paulo, ano 57, v. 389, p. 214, mar. 1968.

_____. Apelação cível nº 176.618. *Revista dos Tribunais*, São Paulo, ano 59, v. 412, p. 159, fev. 1970a.

_____. Apelação cível nº 189.286. *Revista dos Tribunais*, São Paulo, ano 59, v. 421, p. 138-139, nov. 1970b.

SÃO PAULO (Estado). Tribunal de Justiça de São Paulo. Apelação cível nº 193.108. *Revista dos Tribunais*, São Paulo, ano 60, v. 423, p. 126-127, jan. 1971.

_____. Apelação cível nº 215.108. *Revista dos Tribunais*, São Paulo, ano 62, v. 451, p. 113-115, maio 1973.

_____. Apelação cível n° 224.572. *Revista dos Tribunais*, São Paulo, ano 63, v. 459, p. 94-95, jan. 1974a.

_____. Apelação cível n° 219.387. *Revista dos Tribunais*, São Paulo, ano 63, v. 461, p. 78-80, mar. 1974b.

_____. Apelação cível n° 224.879. *Revista dos Tribunais*, São Paulo, ano 63, v. 468, p. 64-65, out. 1974c.

_____. Apelação cível n° 278.590. *Boletim de Jurisprudência ADCOAS*, São Paulo, ano 12, n. 4, p. 55, fev. 1980.

SANTOS, João M. de C. Código civil brasileiro interpretado: principalmente pelo ponto de vista prático. 16. ed. Rio de Janeiro: Freitas Bastos, 1991.

SANTOS, Orlando G. dos.; CARNEIRO, Nelson de S. *Do reconhecimento dos filhos adulterinos*. 2. ed. rev. e aum. Rio de Janeiro: Forense, 1958.

SAVATIER, René. *Le droit, l' amor et la liberté*. 2e. éd. Paris: Librairie Générale de Droit et de Jurisprudence, 1963.

STRECK, Lenio. Sobre a decisão do STF (uniões homoafetivas). *Blogger*, [S.l.], 02 jun. 2011. Não paginado. Disponível em: <leniostreck.blogspot.com.br/2011/06/sobre-decisao-do-stf-unioes.html>. Acesso em: 20 jul. 2017.

STRENGER, Irineu. *Reparação do dano em direito internacional privado*. São Paulo: Revista dos Tribunais, 1973.

THEODORO JÚNIOR, Humberto. *Curso de direito processual civil*. 32. ed. Rio de Janeiro: Forense, 2000.

TORO Y GISBERT, Miguel de. *Larousse universal*: diccionario enciclopédico. Buenos Aires: Larousse, 1962.

VENOSA, Sílvio S. Homoafetividade e o direito. In: CHINELLATO, Silmara J. de A. et al (Org.). *Direito de família no novo milênio*: estudos em homenagem ao professor Álvaro Villaça Azevedo. São Paulo: Atlas, 2010. p. 388.

XAVIER, Ronaldo Caldeira. *Latim no direito*. 5. ed. Rio de Janeiro: Forense, 2002.

APÊNDICE
A LISTA DE EXPRESSÕES EM LATIM

Actori Incumbit Onus Probandi – Ao autor cabe o ônus da prova

Affectio Maritalis – Afeição conjugal

Affectio Societatis – Vontade de constituir e manter uma sociedade

Amicus Curiae – Amigo da corte / amigo do tribunal

Causa mortis – Causa determinante da morte

Contrario Sensu – Pela razão contrária

Deductio in Domum Mariti – Entrada da mulher na casa do marido

Erga Omnes – Para com todos. O que é válido contra todos.

Error Comunis Facit Jus – O erro comum faz o direito

Ex Officio – Por dever do ofício

In Verbis – Nestes termos

Instrumentum Dotale – Instrumento do dote

Ius civile – Direito Civil

Jus constitui oportet, in his quae ut plurimum accident – Leis devem ser feitas com vista a esses casos que acontecem com mais frequência

Liberi Naturales – Filhos nascidos do concubinato

Mens Legis – Intenção da lei, espírito da lei

More Uxorio – Segundo o costume de casado

Stuprum – Estupro (no Direito Romano indicava apenas a relação sexual forçada com uma mulher casada)

Ultra Vires – Além das forças

Este livro foi impresso nas oficinas gráficas da Editora Vozes Ltda.,
Rua Frei Luís, 100 – Petrópolis, RJ.